KB103571

5년 동안은 망하지 않는
나만의 카페 창업

이대일.
2010년부터 2015년까지
서울 한적한 동네에서
혼자서 카페를 운영하며
잘 놀았다.

나만의 카페 창업

발 행 | 2016년 04월 04일
저 자 | 이대일
펴낸이 | 한건희
펴낸곳 | 주식회사 부크크
출판사등록 | 2014.07.15.(제2014-16호)
주 소 | 경기도 부천시 원미구 춘의동 202 춘의테크노파크2단지 202동 1306호
전 화 | (070) 4085-7599
이메일 | info@bookk.co.kr

ISBN | 979-11-5811-875-4

www.bookk.co.kr

나만의
카페
창업

어떤 수를 써서든지
5년 동안은 망하지 말자

이대일 지음

목차

머리말

'나만의 카페'
이 말을 떠올리면 알 수 없는 따스한 기운과 함께 기분이 좋아 집니다.

거리를 나가 보면 모던하거나, 세련되거나, 아기자기하고 예쁘장한 카페들을 많이 볼 수 있습니다. 그곳에 앉아 커피 한 잔을 마시고 있노라면 '나도 저런 카페나 하나 있었으면 좋겠다.'라는 생각이 절로 듭니다.

지금 이 시간에도 많은 이들이 나만의 카페에 대한 꿈을 키워 나가고 있습니다. 서점에는 카페 창업에 관한 책들이 많이 있습니다. 책을 펼치면 진지한 모습으로 커피를 내리거나 한적한 오후에 자신만의 카페에서 책을 읽고 있는 주인장들의 모습이 사진에 실려 있습니다. 갑갑한 직장 생활에 지치거나 자신만의 공간을 꿈꾸는 이들에겐 더없는 부러움의 대상입니다.

커피를 좋아한다면 더욱 그렇습니다. 정성들여 내린 커피를 맛있게 마시는 손님들을 맞이하는 것은 카페를 하는 즐거움 중에 하나입니다.

그러나 현실은 사진 속 세계와는 다릅니다. 당신이 보고 있는 카페는 상위 1%, 치열한 경쟁에서 살아남은 카페입니다. 나머지 99%는 당신이 알아채지도 못하는 순간에 흔적도 없이 살아집니다.

그럼에도 불구하고 나만의 카페를 만들기 위해 꿈을 키우는 사람들에게, 조금이나마 도움이 되고자 5년간 카페를 운영한 지식과 경험을 풀어 놓습니다.

이 글은,
'당신도 살아남은 1% 카페가 될 수 있다.'라고 말하지 않습니다.
'이렇게만 하면 당신도 대박 신화를 창조할 수 있다.'라고 말하지 않습니다.
'카페를 해서 돈을 벌고 싶다.'라고 생각하는 사람과도 거리가 멉니다.

그저 커피가 좋아서, 사람이 좋아서, 꼭 한 번은 카페를 해 보고 싶은 사람.
돈은 조금 벌더라도 최소 5년간은 카페가 망하지 않았으면 좋겠다고 생각하는 사람들에게,
작은 희망을 주고 싶어서 쓰는 글입니다.

근사한 사진 한 장 없지만 내용만큼은 제가 경험한 일들을 빼곡히 넣었습니다.

지난 5년간 제가 그랬던 것처럼.

cafe 1

카페 노트 만들기

지금 이 시간부터 장대한 당신만의 카페 역사가 시작됩니다. 지금부터 하는 행동 하나하나가 당신이 만들 공간에 스며들게 됩니다. 지나간 시간은 되돌아오지 않습니다. 그 힘겹고 즐거운 시간들을 잊지 않기를 바랍니다.

문구점에 가서 노트를 한 권 삽니다. 이 노트에는 당신이 만들 카페의 역사가 담길 것입니다.

요즈음에는 개인 블로그나 스마트폰 메모장 같은 곳에 기록하는 사람들이 많습니다. 그건 그것대로 하고 가급적이면 노트도 하나 만들기를 바랍니다.

카페는 아날로그적 감성이 묻어 나오는 곳입니다.

자동 기계보다는 수동으로 뽑아내는 에스프레소가 더 맛이 있는 것처럼.

물을 끓이고, 커피를 갈고 필터에 담아 정성들여 내리는 드립커피처럼.

노트 겉표지에 '나만의 카페'라고 정성스레 적어 보십시오. 그리고 역사적인 시작을 알리는 그 날의 날짜를 적어 보세요.

낙서하기

당신이 생각하는, 나만의 카페에 대해 떠오르는 생각들을 두서없이 적어 보는 겁니다.

카페 이름, 인테리어, 고풍스러운 머그컵과 라떼 잔, 테이블, 조명. 무엇이든 좋습니다.

종이를 아끼지 말고 큼지막하게 적어 나가는 겁니다.

이것은 카페 컨셉을 잡는 과정 중에 하나입니다.

실질적으로 준비에 들어가게 되면 많은 사항이 변하겠지만 그것과 상관없이, 아무런 제약 없이 당신이 상상하는 카페에 대한 모든 것을 꺼내 보는 겁니다.

나중에 알게 되겠지만 이때가 가장 행복한 시간이라고 기억될 것입니다.

상상만으로 노트 한 권을 다 채워도 좋습니다.

노트에 적힌 생각들은 그 누구도 아닌 오로지 당신만을 위한 세상입니다.

시간에 구애받지 마세요.

당신이 좋아하는 카페에 가세요. 커피 한 잔을 앞에 두고 창으로 스미는 햇살을 느끼며 적어도 좋습니다. 진지하지 않아도 됩니다. 마음껏 상상의 나래를 펼치세요. 즐겁게 하세요.

절대 서두르지 마시길 바랍니다. 서두르는 만큼 빨리 망한다고 생각하세요.

카페라는 건 마음만 먹으면 2~3달 안에 만들 수 있습니다. 그러나 당신이 하고 싶은 건 카페를 위한 카페가 아닙니다. 당신을 위한, 나만을 위한 카페입니다. 작은 구석구석까지 당신의 손길이 묻어나는 카페입니다. 이 시간을 허투루 보내지 않기를 바랍니다. '시작'이란 건 소중하니까요.

다음 편부터는 실질적인 준비에 들어갈 것입니다.
목차에 적힌 대로 순서를 따르지 않아도 됩니다. 준비를 하다보면 동시에 여러 가지를 해야 하는 경우도 많이 생깁니다. 대신 최종적으로, 매장을 계약하기 전까지는 너무하다 싶을 만큼 꼼꼼하게 체크하기를 권합니다. 그것이 당신이 만들어갈 카페를 오래 유지할 수 있는 방법입니다. 일, 이년 안에 문을 닫지 않는 방법입니다.

그럼 당신만의 카페를 위한 준비에 환한 햇살이 비추기를 희망합니다.

cafe 2

바리스타 자격증

바리스타 자격증은 민간 자격증입니다. 국가 공인 자격증이 아닙니다. 결론적으로 창업을 준비하는 사람에게는 필수 조건이 아닙니다.

현재 여러 사설 학원과 주민 센터, 평생교육원 같은 시설에서 바리스타 교육이 이루어지고 있습니다. 커피를 전문으로 하는 대학도 있고 여러 조리학원 및 조리 학과 과정에 바리스타 과정이 포함되어 있기도 합니다.

바리스타 자격증 같은 경우 필수는 아니지만 청년층이 아르바이트나 개인 카페, 프랜차이즈 카페 같은 곳에서 일하기를 원할 경우에는 도움이 될 수 있습니다. 아무 것도 모르는 사람보다는 에스프레소 머신 정도는 다룰 수 있는 사람이 여러모로 유리하기 때문입니다.

나이가 있으신 중년 분들도 주민 센터 같은 곳에서 무료나 적은 금액으로 이루어지는 수업을 듣고 자격증을 따는 분들이 많습니다. 단순한 취미 생활의 일환으로는 충분히 재미있지만 중년이 취업을 위해서 자격증을 따려 한다면 미안하지만 많은 도움은 되지 않습니다. 중장년 전문 카페를 제외하면 자격증이 있다고 해서 중년의 나이로 카페에 아르바이트라도 취업하기란 어렵습니다. 대신, 창업을 목적으로 배운다면 취득해도 좋습니다.

바리스타 자격증이 있다고 해서 커피 전문가는 아닙니다. 그건 단순히 커피 머신을 다룰 수 있다는 증명일 뿐 커피를 잘 안다고 하기는 어렵습니다. 물론 전혀 모른다고도 할 수 없습니다. 다만 말 그대로 바리스타는 바(bar)에서 커피를 만들어 내는 사람일 뿐입니다. 멋진 말로는 바(bar)의 지배자라고 할 수 있습니다.

어떤 이유라도 자격증을 따려 한다면 교육 기관의 수준을 잘 살펴보고 등록하기 바랍니다.

이런 일이 있었습니다. 제가 운영했던 카페에서 한 아주머니가 커피 한 잔을 주문하고는 바 언저리에서 서성거렸습니다. 무엇 때문이냐고 묻자 혹시 카푸치노 거품 내는 방법만 따로 알려줄 수 있느냐고 물었습니다. 이유를 들어보니, 구청 주민 센터에서 바리스타 교육을 받고 자격증 시험을 봤는데 거품을 제대로 만들지 못해 떨어졌다고 했습니다. 바리스타 실기 시험 중에 카푸치노 거품 3cm를 내야 한다는 부분이 있는 모양이었습니다.

저는 학원을 다니지 않았고 자격증도 없습니다. 혼자서 3~4년 간 연습한 이후에 에스프레소, 드립, 로스팅을 선생님에게 개인 지도 받았습니다. 실제로 카페를 운영하면서 카푸치노 거품 3cm를 내 본 적도 없습니다. 거품이 몇 센티냐 보다는 어느 정도의 거품이 더 맛있는 카푸치노에 어울리느냐가 중요하다고 생각하기 때문입니다. 카푸치노 거품 때문에 태클을 건 손님은 한 명도 없었습니다.

더군다나 주민 센터는 거의 무료로 이루어지다 보니 개개인의 실력에 따른 지도를 해 주기가 어려웠을 수도 있습니다. 수강생이 많아서 일지도 모릅니다. 그러니 기왕 자격증을 따기로 했으면 충분히 연습할 수 있는 기관을 찾기 바랍니다. 커피도 다른 일과 마찬가지로 실습을 많이 할수록 좀 더 퀄리티 높은 커피를 만들 수 있습니다.

또 다른 경우가 있었습니다. 근처에 카페가 새로 생겼는데 젊은 여성이 혼자 운영하는 곳이었습니다. 단골손님이 그 카페에서 커피를 마시고 와서 알려준 내용입니다.

(단골손님이 좋은 것 중 하나는 근처에 새로운 카페가 생기면 한 번 다녀오고 나서 새로 생긴 카페에 대해 여러 가지 이야기를 해 줍니다.)

커피에서 이상한 맛이 난다고 했습니다.

그 분 역시 커피 분야에 일가견이 있는 분이라 카페 주인에게 물어보았다고 합니다. 알고 보니 머신을 청소할 때 포터필터를 퐁퐁 같은 세제로 닦는다는 거였습니다. 이상한 맛의 정체는 세제 맛이었습니다. 커피 머신은 꼭 전용 세제로 청소해야 합니다. 그 분 역시 카페 벽면에 바리스타 자격증을 붙여 놓고 있었습니다. (그 날 이후 커피에서 세제 맛은 나지 않았다고 합니다.)

전부 다 이렇지는 않을 것입니다. 그래도 교육을 받고 자격증을 따기로 했으면 기본이 충실한 교육기관을 찾는 것이 중요하다고 생각합니다.

교육과정이 형편없는 기관도 조심하고 너무 많은 수업료를 받는 학원도 조심합시다. 커피도 사람이 먹는 음식이다 보니 재료비가 많이 드는 건 맞습니다. 최상등급 생두를 로스팅한 원두를 쓴다면 모를까 단순 연습이라면 저렴한 원두로 연습해도 충분합니다.

적당한 수준의 수업료로 기본 커리큘럼이 잘 구성되어 있고 수준 높은 교육이 이루어지는 기관을 찾아야 합니다. 또한 커피 추출이외에도 기기 청소 및 소모품 교체 같은 수리부분도 함께 배울 수 있으면 더없이 좋을 것입니다. 그렇게 취득한 자격증을 액자에 넣어 카페에 걸어 두면 근사하게 폼은 납니다.

바리스타 자격증은

청년층의 취업 목적(노동 강도에 비해 급여는 높지 않습니다. 단 로스팅을 병행하는 개인 카페 같은 경우는 일을 하면서 커피에 대해, 매장 운영에 대해 배우는 부분이 많이 있습니다. 문제는 역시 급여.)

중장년층의 창업(개인적으로는 위험하다고 생각한다. 창업은 충분히 할 수 있지만 오래 운영될지는 의문입니다.)

수준 높은 취미 생활

창업을 하고 싶은데 커피에 대해 전혀 모를 때 입문용(단지 입문용입니다. 머신을 이용해 커피를 잘 만드는 것과 커피를 잘 안다는 것은 같을 수도 있지만 다른 부분이 많습니다.)

카페 인테리어용(있어 보입니다.)

커피가 전문이 아닌 디저트카페의 경우 어찌 되었던 커피는 팔아야 하니 기기 운영법과 관리/청소법을 익히기 위해.

집에 가정용 에스프레소 머신이 있어요.

원리는 매장에서 사용하는 상업용 머신과 거의 비슷합니다. 충분히 연습도 가능합니다. 기술적인 부분에 한해서 하는 말입니다. 그러나 추출되는 커피의 질이 틀립니다.

같은 원두를 가정용 머신과 상업용 머신으로 추출해 보면 금방 알 수 있습니다. 향과 바디 감(질감) 면에서 확연한 차이가 납니다.

개인적으로 커피를 즐기기 위해서라면 훌륭하지만 창업을 위한 연습용으로는 추천하지 않습니다.

이건 순전히 개인적인 생각입니다. 가정용 머신일 경우 그라인더 포함 200만 원 이하라면 거의 대동소이 하니 디자인이 멋진 걸 고르시면 됩니다.(카페를 하다보면 정말 많은 사람들이 가정용 머신에 대해 물어봅니다.)

200만 원 이상 되는 가정용 머신은 상업용과 겨룰 만한 커피가 나올 수 있습니다.(이 정도 기기를 구입하시는 분들은 대부분 어느 정도 커피를 오래 동안 즐기시는 분일 가능성이 높습니다.)

하루에 두 번 이상 찾아오는 단골손님이 있었습니다. 커피를 너무 좋아하다보니 커피 값이 만만치 않아 가정용 자동 머신(원두만 넣으면 알아서 나오는 기계. 뷔페나 지금은 모르겠지만 파xx게트 같은 빵가게에서 파는 커피는 자동 머신입니다.)을 소개시켜 달라고 했습니다. 마찬가지로 200 이하라면 마음에 드는 디자인을 고르라고 했습니다. 결국 머신을 샀습니다.

그 분이 집에서 만든 커피를 가지고 오셨습니다. 자동머신이라서 수동 머신과 비교하는 것은 맞지 않지만 대충 가정용 머신이 어떻다는 것은 느낄 수 있었습니다. 제가 운영했던 카페 아메리카노는 에스프레소 원 샷이 들어갑니다. 카페에서 만드는 아메리카노와 비슷한 맛을 내려면 자동머신으로는(테스트 해 보시라고 원두를 주었습니다.) 세 샷 정도를 넣어야 했습니다.

라떼 같은 경우는 고운 입자의 우유 거품을 내야 하는 데 가정용 머신의 스팀 기능은 오로지 부글부글 끓기만 합니다. 옵션으로 고운 거품을 내는 노즐을 파는 기종도 있지만 너무 기대 하지 않길 바랍니다.

가정용과 상업용은 이런 차이입니다.
창업을 위해서는 상업용 머신으로 연습하길 권해 드립니다.

cafe 3

커피 선택

커피는 기호 식품입니다. 개인의 성향에 따라 무수한 맛과 향을 만들 수 있기 때문에 커피에 대해 한 마디로 정의하기는 불가능합니다.

연한 맛, 쓴 맛, 신 맛, 향 커피, 맛 커피, 아메리카노, 라떼, 드립, 터치, 모카포트 등등 카페가 백 개 있다면 백 가지 맛과 향을 가진 것이 커피이기 때문입니다.

여기에서는 커피 만드는 방법 같은 건 다루지 않겠습니다. 커피는 글로 배우는 것이 아닙니다. 직접 마셔보고 느껴봐야 합니다.

커피에 관한 과학적인 접근과 커피 추출에 관한 방법은 이미 책으로도 많이 나와 있고 추출 동영상 역시 인터넷 상에 수 없이 많이 있습니다. 주의해야 할 부분은 동영상을 보고 그대로 따라할 수는 있습니다. 그러나 그 결과(커피 맛과 향)는 알 수 없다는 단점이 있습니다. 결국 좋은 커피를 발견하는 방법은 커피로 유명한 좋은 카페에 직접 가서 맛과 향을 맛보아야 합니다. 그 후 당신이 직접 커피를 만들어 보고 비교해야 합니다. 이 부분은 아무리 말해도 소용없기에 여기에서는 다루지 않겠습니다.

카페라고 해서 커피가 메인이 될 필요는 없습니다.

케익 전문 카페도 있고, 와플 전문 카페도 있고, 떡볶이 전문 카페도 있고, 생과일주스 전문 카페도 있습니다. 그런데 아무리 특색 있는 카페라 하더라도 메뉴에 커피가 들어 있지 않는 카페는 없습니다. 심지어 홍차 전문 카페에서도 커피를 팝니다. 그러니 커피와 카페는 떼려야 뗄 수 없는 관계입니다.

문제는 커피가 전문이든 아니든, 직접 로스팅을 하던 원두 업체에서 구입을 하던지 간에 어떤 커피를 손님에게 낼 것인가에 있습니다. 기왕에 커피를 판다면 맛없는 커피 보다는 맛있는 커피가 좋지 않겠습니까? 여기에서 커피를 오랜 시간동안 연구한 사람과 몇 개월 만에 학원에서 바리스타 자격증을 따고 창업을 한 사람과의 차이가 나는 겁니다.

커피는 카페의 기본입니다. 기본이 충실한 카페가 오래 견딜 가능성이 높습니다.
커피는 수 백 권의 책을 읽는 것 보다 한 번 이라도 이름난 카페에 가서 한 잔 마시는 것이 백 번, 천 번 옳습니다. 그럼 커피를 살펴보겠습니다.
커피는 로스팅에 따라 무한대의 맛과 향을 표현할 수 있습니다. 그 모든 걸 뭉뚱그려 세 가지로 설명하면 이렇습니다. 전문가들이 보기에 어설프다고 할 수 있지만 제 기준으로는 이렇습니다.

신맛 나는 커피

약하게 로스팅을 하면 커피에서 신 맛이 납니다.
주로 연하게 마십니다.
맛 보다는 향을 즐기는 커피입니다.
세계 삼 대 커피나 스페셜 티 같은 비싼 생두는 주로 약하게 볶는 경향이 있습니다.
독특한 향을 표현하기 위해서입니다.

중간 커피

신 맛과 쓴 맛(고소한 맛)이 납니다.
특별한 매력이 없기 때문에 의외라고 생각 되겠지만 맛보기가 쉽지 않습니다.
개성을 살리는 카페들은 대부분 약하거나 강하게 로스팅하기 때문입니다.
에스프레소를 메인으로 하는 카페 보다는 드립커피를 내 놓는 로스터리 카페에 많이 있습니다.

쓴맛 나는 커피

스x벅x 커피를 생각하면 됩니다.
강하게 로스팅한 커피입니다.
약하게 로스팅한 커피보다는 향이 풍부하지 않지만 쓴 맛이 입 안에서 감칠 나는 단맛을 이끌어 내기 때문에 맛이 있다, 라고 말합니다.

이 세 가지 기준 사이사이에 무수한 차이를 지닌 커피가 존재합니다.
스x벅x 보다 더 강하게 로스팅하는 분도 있고 신맛을 넘어 시큼한 맛이 나도록 로스팅하는 분도 있습니다.
첫 맛은 쓴맛이지만 마지막 한 방울이 목에 넘어갈 때 약한 신 맛으로 깔끔하게 마무리를 하는 커피도 있고, 신 맛은 신 맛인데 쓴 맛이 적절하게 신 맛을 보호해 주는 커피도 있습니다.

그럼 어떤 커피를 선택할 것인가?

1. 내 입에 맞는 커피.
누가 뭐라고 해도 내가 마셔보고 맛이 있어야 한다.
내 입맛이 보통 사람의 기준이니까 내가 맛있으면 손님들도 맛이 있을 거야.
2. 내 입맛과 상관없이 시대의 흐름에 따라 또는 유명 카페의 커피 맛과 비슷한 맛을 내는 커피.
유명한 카페도 이런 커피를 파니까 내 카페도 비슷하게 팔면 잘 될 거야.
3. 맛과 향에 관계없이 그럭저럭 먹을 만하면서 원가가 싼 커피.
바리스타 자격증을 따고 몇 개월 만에 소규모로 창업을 하는 분들이 주로 선택한다.
이런 커피가 나쁘다는 소리는 절대 아니다. 가격이 낮으면서도 훌륭한 맛과 향을 낼 수 있다.
4. 커피의 본고장이라고 말하는 이탈리아에서 직수입한 커피.
다 필요 없고, 커피는 이탈리아지.
5. 카페를 하는 친구와 동일한 커피
내가 가서 보니까 맛도 괜찮고 가격도 나쁘지 않아.

정해진 답은 없습니다. 어떤 커피를 손님들에게 내어 놓을지 정하는 것은 당신 몫입니다.
조심해야 할 것은 성급히 결정하지 말라는 것입니다.

시간에 쫓기다 보면 좋은 커피를 만날 기회가 줄어듭니다.

시간에 쫓겨 카페를 오픈하면 망할 가능성이 비약적으로 높아집니다.

그러니 좀 더 신중하게 커피를 골라보길 간곡히 권합니다.

좋은 커피를 고르는 법은 좋은 와인을 고르는 법과 동일합니다. 많이 먹어봐야 합니다. 당장 오늘 부터라도 이름이 있다는 커피 전문점에 가 보는 겁니다. 가서 아메리카노와 라떼를 마시는 겁니다.

아메리카노와 라떼는 가장 많이 팔리는 메뉴이자 커피를 테스트하기에 가장 적절한 음료입니다. 두 음료가 맛있으면 카푸치노, 바닐라 라떼 등 여러 응용 음료도 맛이 보장된다고 볼 수 있습니다.

커피의 심장인 에스프레소를 비교해야 한다고 말할 수도 있습니다. 물론 맞는 말입니다. 그러나 한국에서 에스프레소를 즐기는 사람은 많지 않습니다. 제 카페에도 에스프레소만 마시는 손님들이 있었지만 손가락에 꼽을 정도였습니다. 그러니 그것 보다는 대중적인 메뉴를 비교하는 것이 상업적인 면으로 볼 때 유리하다고 생각합니다.

서울을 비롯해 각 도시마다 이름 있는 커피 전문점들이 있을 것입니다. 시간 날 때마다 매장에 가서 커피를 맛보아야 합니다. 커피를 마시면서 카페 인테리어도 눈여겨보고 마음에 드는 인테리어가 있으면 사진도 찍습니다.

매장을 방문하는 것으로 끝내지 말고 카페 노트에 커피와 인테리어에 대한 느낌을 기록하는 겁니다. 이 기록들은 본격적인 창업을 준비할 때 많은 도움이 됩니다.

오직 창업에만 정신이 팔려 가장 기본이 되는 커피 선정을 쉽게 결정하는 경우를 많이 보았습니다.

커피는 다 거기서 거기지 별다른 게 뭐 있겠어? 라고 생각하는 분들이 의외로 많습니다. 물론 그래도 됩니다. 처음 방문한 매장 커피가 마음에 들어 그 커피로 결정 내려도 됩니다. 다만 오래 지속되는 카페를 원한다면 좀 더 신중해지길 바랍니다. 오 년 안에 망하지 않는 카페를 만들고 싶다면 위에서 말한 세 가지 종류의 커피라도 마셔보고 결정 내리기를 바랍니다.

준비 기간이 짧은 수록 망하는 속도는 증가합니다.

카페 운영자들 사이에서는 이런 말을 합니다. 창업 준비기간으로 최소 일 년은 잡아야 한다고 말입니다. 그 일 년 간 커피를 포함해 카페 전반에 관한 모든 사항을 조사하는 것입니다. 최대 일 년이 아니라 최소 일 년입니다. 참고로 저는 삼 년을 준비했습니다. 그럼에도 불구하고 실질적인 점포 예약과 인테리어 공사가 시작되면 새롭게 닥치는 문제들이 수두룩했습니다.

그러니 너무 창업에만 매달리지 말고 충분한 시간을 가지고 하나하나 만들어 나가길 바랍니다. 조급해 하지 않아야 합니다. 서두르는 것은 절대 금물입니다.

대부분의 이름 있는 카페들은(프랜차이즈를 제외하고) 직접 로스팅을 합니다. 이 말은 당신이 마음에 들어 하는 커피를 구매할 수 있다는 소리입니다. 물론 가격적인 부분은 원두 전문 업체(주로 인터넷 쇼핑몰)보다는 비쌉니다. 그래도 업소용으로 대량 구매 계약을 맺으면 훨씬 저렴한 가격에 구입할 수 있습니다. 로스팅 된 원두의 품질도 인터넷 구매 보다는 좋을 가능성이 높습니다.(이런 카페들 중에는 인터넷 판매를 하는 곳도 많이 있습니다. 직접 갈 수 없는 상황이면 인터넷으로 구매해서 직접 테스트해 보는 것도 좋은 방법입니다. 그러려면 어느 정도 커피를 내릴 수 있는 능력과 기기를 갖추어야 하겠습니다.)

카페를 운영하다보면 정말 많은 사람들이 창업에 대해 물어봅니다. 그때마다 같은 말을 해 주었습니다. 시간을 갖고 카페를 돌아다니며 커피를 마셔 보라고 권했습니다. 그럼에도 불구하고 실제 카페 투어를 하는 분들은 많지 않습니다.

카페에 가장 기본이 되는 커피에 대해 가볍게 여기는 이유는 자신만의 매장에 대한 환상 때문이다. 예쁘장한 인테리어로 꾸며진 공간에 반짝이는 머신에서 에스프레소를 뽑아내는 모습만 생각할 뿐 정작 핵심 사항인 음료에 대한 생각은 높지 않기 때문입니다. 특히나 창업을 결심하고 나서 처음으로 커피를 접하는 분들이 더욱 그렇습니다.

하루 열 시간 동안 커피 한 잔을 팔고 나서야 아차! 해 봤자 이미 늦습니다. 그러니 카페라는 이름이 만들어 내는 이미지만으로 창업을 결심해서는 안 됩니다. 카페도 사업이고 커피를 팔아 돈을 벌어야 하는 일입니다. 그러니 가치 있는 투자라고 생각하고 부지런히 돌아다니길 바랍니다.

이런 말을 듣고 한두 군데라도 이름 있는 카페를 방문하는 사람은 그나마 다행입니다. 이렇게 말했음에도 불구하고 절대 가지 않는 분들이 있습니다. 그런 분들이 공통적으로 하는 말이 있습니다.

'나는 커피에 대해 잘 몰라. 사람들이 맛있다고 하니까 그런 거지 나는 뭐가 좋은지 잘 모르겠어.'

조금 전에도 말했지만 평소 커피를 마시지도 않으면서 카페를 하려는 분들입니다. 그 이유는 치킨 집과 마찬가지로 접근성이 좋기 때문입니다. 몇 개월 바리스타 교육만 받으면 창업을 하는 데 아무런 지장이 없습니다. 커피는 전문 원두 업체에서 사고, 인테리어와 머신 및 각종 기기는 돈만 주면 알아서 해 주기 때문입니다. 한 마디로 돈이 있으면 아무런 기술이 없어도 몇 개월 만에 카페를 뚝딱 차릴 수 있어서 입니다. 하루가 다르게 치킨 집과 카페가 새로 생기는 이유입니다. 그리고 하루가 다르게 소리 없이 사라집니다.

당신이 원하는 카페는 이런 모습이 아닐 것입니다. 카페 구석구석 당신의 손길이 묻어 있는 카페를 원하지 않습니까? 티 스푼 하나, 냅킨 한 장에도 당신의 감성이 담긴 카페를 만들어야 하지 않겠습니까?

반복적으로 말하지만 카페 창업에 있어서 아주 중요한 부분입니다. 충분한 시간을 가지고 준비해야 합니다. 다양한 커피를 많이 마셔 보아야 합니다.

그럼에도 불구하고 가격적인 부분 때문에 또는 다른 이유로 원두 공급 업체를 찾는 분들이 있습니다. 요즘은 예전과 달라져서 이름난 카페 못지않은 커피를 파는 업체가 많이 늘어났습니다. 대부분의 업체는 요청을 하면 샘플을 보내줍니다. 문제는 이 샘플 원두가 어떤지 테스트가 필요하다는 점입니다.

집에서 커피를 만들어 드시는 분이면 가정용 머신이나 드립으로 만들어 드시면 됩니다.

만약에 그런 도구들이 집에 없다면?

단골 카페가 있는 분들은 샘플을 들고 카페로 가는 겁니다. 가서 주인 장에게 테스트를 요청하는 겁니다. 해 줄 수 없다고 해도 마음 상하지는 마시기 바랍니다. 그 카페도 사정이 있어서 그런 것일 겁니다. 에스프레소든 드립이든 테스트를 해 준다고 하면 그냥 테스트만 받지 말고 커피 한 잔이라도 사 드시는 센스를 발휘합시다.

도구도 없고 테스트를 해 줄 단골 카페도 없다면?

이번 기회에 드립커피를 배우기 권합니다.

드립커피는 저비용으로 아주 훌륭한 커피를 즐길 수 있는 가장 효과적인 방법입니다. 십만 원 정도면 기본 세트를 구입할 수 있습니다. 이런 것조차 돈이 아까워서 못 하겠다면 정중히 카페 창업을 그만 두라고 말하고 싶습니다. 카페 창업에는 최소 몇 천 만원이 들어갑니다. 나만의 카페를 위해 이 정도 투자도 못하는 분이라면 카페가 번창할 가능성은 아주 희박합니다. 아까운 돈 잃지 마시고 다른 일을 찾아보길 권합니다.

'커피'라는 것 자체가 어려운 거지 에스프레소든 드립이든 커피를 만드는 방법은 하나도 어려운 것이 없습니다. 동네 카페에서도 취미반으로 드립 교실을 운영하는 곳이 많습니다. 그런 곳에서 기본적인 커피에 대해 배우는 것도 좋은 방법입니다.

어정쩡한 가정용 머신보다 드립을 권하는 이유는 드립으로 맛있는 커피는 아메리카노로 만들어도 맛있기 때문입니다. 오히려 신맛, 중간맛, 쓴맛을 구별하는 데는 드립이 더 효과적입니다. 반대도 마찬가지입니다. 맛있는 커피는 드립이든 아메리카노든 제대로만 뽑으면 맛이 좋습니다. 상업적인 머신으로 테스트를 해 볼 수 없는 상황이라면 커피도 즐길 겸 드립을 적극 활용하길 권합니다. 그러려면 당연히 충분한 시간이 필요합니다.

가급적이면 여러 업체의 다양한 샘플을 받길 권합니다. 그러면서 개인이 운영하는 카페 커피와 비교도 해 보길 권합니다. 개인이 운영하는 이름 있는 카페든 원두 전문 공급 업체 커피든 가장 마음에 드는 커피를 선택해 손님들에게 기분 좋게 대접하는 겁니다.

지금까지 말한 것은 아주 기본적인 커피 선택 방법입니다. 아직도 커피에 대해 해 줄 말이 많이 있습니다. 다른 부분은 이 글을 진행하면서 차츰차츰 나오게 됩니다. 디저트가 메인이고 커피는 구색인 카페를 창업하려는 분들이 보기에 장황한 커피에 대한 설명이 지겨울 수도 있습니다. 커피가 맛있으면 케이크 같은 디저트를 더 많이 먹게 됩니다. 또한 맛있는 커피는 손님을 부르고 커피 마시러 왔다가 맛있어 보이는 케이크가 보이면 먹게 됩니다. 메인 메뉴 외에 커피까지 신경 쓰고 싶지 않다고 한다면 할 말은 없습니다. 다만 좋은 커피를 고를수록 카페에 도움이 될지언정 손해는 없기에 하는 말입니다.

cafe 4

로스터리 카페

몇 년 전만 해도 전문적인 로스팅은 오랜 시간 커피를 연구 해 온 소수의 전유물이었습니다. 그랬던 것이 애호가들 사이에서 자가 로스팅 방법이 공유되고, 가정용 로스터기가 보급되고, 연구자들이 아카데미를 설립하면서 이제는 꽤 대중화되었습니다. 그럼에도 불구하고 아직까지 로스팅은 전문 영역입니다. 바리스타처럼 몇 개월 만에 배울 수 있는 성질의 것이 아니기 때문입니다.

로스팅(roasting)은 말 그대로 볶는 다는 뜻입니다. 커피 생두를 불에 볶으면 우리가 아는 커피 원두가 됩니다. 커피 생두를 구해(인터넷 쇼핑몰에서 판다.) 후리이팬, 뚝배기, 채망 등에 생두를 담고 가스레인지에 멸치 볶듯이 달달달 볶습니다. 점점 색이 변하면서 눈이 익은 커피 원두로 변해가는 모습을 볼 수 있습니다. 십 분에서 이십 분 사이면 당신도 집에서 커피 원두를 만들 수 있습니다.
간단합니다. 단, 집안이 난장판이 될 것을 각오해야 합니다.(흩날리는 생두 표피와 자욱한 연기)
이 원두는 오직 당신만 드실 것을 권합니다. 처음 해 본 분이라면 더더욱 다른 이에게 맛보이고 싶은 마음을 억누르시길 바랍니다.
전문 카페에서 하는 방법도 이와 크게 다르지 않다. 로스터기라는 전용 기계를 이용하여 생두의 성질에 맞게 불 조절을 해 가면서 생두를 볶습니다. 다른 이의 입에 들어가는 음식이므로 전체적인 원두 색이

균일하게, 커피가 가진 맛과 향을 최대한 끌어내야 합니다.

바리스타 자격증처럼 로스팅 교육 기관도 많이 생겼습니다. 그러나 바리스타와 달리 교육 기간이 깁니다. 집에서 취미로 로스팅을 하는 경우 로스팅에 대한 이해도가 높아져서 유리하지만 로스터리 카페를 생각하신다면 마찬가지로 상업적인 머신으로 연습하길 추천합니다.

바리스타 교육 기관과 마찬가지로 커리큘럼을 잘 살펴봐야 합니다. 교육비가 많이 비싸기 때문입니다.
생두 산지와 생두 품종에 따른 성질들을 얼마나 잘 설명하는 지.(이론 교육)
얼마나 다양한 생두를 연습하는 지.
한 가지 생두를 얼마나 다양한 방식(약하게, 중간정도, 강하게)으로 로스팅하는 지.
얼마나 다양한 로스터기(열풍식, 반열풍식, 직화식)로 수업하는지.
교육 과정이 끝난 후에 연습실 이용이 가능한 지를 꼼꼼히 살펴야 합니다.

개인적으로 연습실 이용 여부가 중요하다고 생각합니다. 로스팅은 교육 과정이 끝나는 것으로 끝이 아닙니다. 그 후에 자신만의 이름을 내건 새로운 블렌딩 커피를 만들어야 하기 때문입니다. 이 과정이 만만치 않습니다.
블렌딩 커피를 만들려면,
각각의 생두가 지닌 성질을 잘 파악해야 하고,
각각의 생두를 여러 단계로 로스팅 했을 때 어떤 맛과 향이 나오는

지 살펴야 하고,

그 중 어떤 단계의 원두를 또 다른 어떤 단계의 원두와 섞으면 어떤 맛과 향이 나오는 지 살펴야 하고,

원두를 2종, 3종, 4종, 5종, 몇 종류를 블렌딩 할지도 고민해야 합니다.

그러기 위해서는 꾸준히 실험을 해 보는 수밖에 없고 충분히 연습할 수 있는, 로스터기가 구비된 연습실은 필수요소입니다.

로스터리 카페를 계획 하시는 분들은 커피에 대한 이해도가 아주 높을 것이라 생각됩니다. 커피에 대한 자부심도 클 것입니다. 주의해야 할 부분은 커피에 대한 자부심이 너무 큰 나머지 일반적인(이름도 생소한 테이크 아웃 커피점에서 파는 값싼 커피나, 제과점에서 파는 커피 등에 대해) 낮은 수준의 커피라고 평가하는 분들이 종종 있습니다. 그리고 그것을 손님들에게 자랑인 듯 말하는 분들도 있습니다.

커피는 취향입니다. 존중해 주시길 바랍니다. 이런 적이 있었습니다. 프랜차이즈 빵집 커피를 좋아한다면서 그 커피가 좋은 커피인지 아닌지를 묻는 손님이 있었습니다. 제 개인적으로는 제과점 커피를 좋아하지 않습니다. 이건 제 취향입니다. 그 분에게 이렇게 말했습니다. '아무리 좋은 커피라고 해도 자신의 입에 맞지 않으면 좋은 커피가 아닙니다. 아무리 싸고 이름도 없는 커피라도(일회용 커피라도) 자신의 입에 맞으면 그것이 좋은 커피입니다. 그런 생각 마시고 본인의 입에 맞는 커피를 드시면 됩니다.'

로스팅을 하고 자신만의 블렌딩 커피를 만들 정도면 커피 추출에 대한

능력도 뛰어날 것이라고 생각합니다. 기왕 로스팅까지 하기로 결정하셨다면 원두 판매, 커피 교육에 대한 부분도 고려하시길 바랍니다. 이 부분은 따로 다루기로 하겠습니다.

디저트카페

커피만큼 다양한 것이 디저트 월드입니다. 각종 제방 제과에서부터 시작하여 분식, 간단한 식사까지 메인으로 하는 카페들이 속속 생겨나고 있습니다. 이런 분들 역시 커피와 마찬가지로 한두 가지 특화된 분야에 오랜 시간동안 취미든, 전문이든 발을 담그고 있는 분들입니다.

너 이거 팔면 대박이야.

주로 당신의 솜씨를 맛 본 가족이나 지인들이 하는 소리를 한 번 쯤은 들어 본 분들 중에 창업을 생각하는 분들이 많이 있습니다.
비단 당신뿐만이 아니라 제법 솜씨가 있다는 분들은 한 번 쯤 자신만의 카페를 생각해 봅니다. 그 중에 생각을 생각으로만 끝내는 분들이 있고 생각을 좀 더 구체화 시키는 분들도 있습니다. 이 글을 보는 분이라면 당연히 후자이겠습니다.
커피도 마찬가지지만 디저트 역시 냉정한 평가를 해 줄 사람이 필요합니다. 왜냐하면 카페는 돈을 받고 음식을 내어주는 사업이기 때문이다. 손님이 충분히 돈을 내고 사 먹고 싶을 정도로 매력적인지가 중요합니다. 가족이나 지인은 칭찬 일색이니 객관적(상업적으로)으로 부족한 부분이 있습니다. 냉정한 평가를 해 줄 사람을 찾아보아야 합니다.
디저트 모양이나 맛은 충분히 매력적인데 재료비가 많이 든다면?

보통의 먹을 만한 이 천 원 짜리 조각 케이크와 비주얼 좋고 맛도 고급스러운 팔 천 원 짜리 조각 케이크가 있다면 당신의 선택은?

정해진 답은 없습니다. 누구든지 더 좋은 케이크를 먹고 싶은 마음이 있지만 각자의 사정에 따라, 상황에 따라 어떤 이는 보통을 또 어떤 이는 고급을 선택합니다. 당신이 카페를 열 생각이라면 가게를 유지하고 일정한 수익을 올릴 수 있을 정도의 손님이 당신 카페를 찾아와야 합니다. 맛만 좋다고 카페가 잘 되는 건 아닙니다. 가격적인 부분 또한(어쩌면 가장 중요한) 중요합니다.

그럼 이런 생각이 들 수 있겠습니다. 사람들이 이 케이크의 진가를 몰라주네. 이렇게 고급스러운 케이크가 팔 천 원 밖에 안 하는데 이걸 안 먹으면 무얼 먹는다는 거지? 값이 싸다고 이 천 원 하는 케이크를 먹어 봐야 입맛만 버리는데 그걸 왜 먹을까.

저는 다세대 주택이 즐비한 동네에서 카페를 했는데 가장 큰 적수는 자판기 커피였습니다. 아무리 정교한 로스팅으로(나름대로) 가격대비 훌륭한 커피를 만들어도 자판기 커피를 드시는 분들 중에 제 카페로 오는 분들은 거의 없었습니다. 동네가 서울 외곽이어서 그랬을 수도 있습니다. 만약에 청담동이나 신사동이었다면 이름을 날리는 카페가 되었을 수도 있지 않았을까, 하는 상상도 해 봤습니다. 그래봤자 상상일 뿐이었지만. 엄청난 월세를 내 가며 고급스러운 인테리어에 돈을 쏟을 만큼 자본이 넉넉하지 않았기 때문입니다. 저뿐만 아니라 당신도 그럴 것입니다. 될 수 있으면 적은 비용으로 아담한 카페를 만들고 싶을 것입니다. 그 곳에서 당신이 정성들여 만든 빵이나 쿠키를 대접하고 싶을 것입니다.

일단 행복한 꿈은 계속 꾸어야 합니다. 그리고 지금보다 맛으로나 가격으로나 사람들이에 매력적으로 어필할 수 있는 방법을 연구 해 보아야 합니다. 값이 나가더라도 고급스럽게 갈 것인지, 대중적으로 만들 것인지 당신이 계획하는 카페 스타일과 생각 해두고 있는 지역을 잘 살펴서 결정해야 합니다. 카페도 사업입니다. 손님은 냉정합니다. 당신의 정성을 알아주지 않을 수도 있습니다. 손님이 당신의 음식을 알아주길 바라면 안 됩니다. 비주얼, 맛, 가격 등 모든 면에서 손님이 매력적으로 느낄 수 있는 것을 만들어야 합니다.

Coffee break

혹시 몰라서 하는 말인데 지금까지는 창업을 위한 준비단계입니다. 이 말은 준비를 하다가 그만 두어도 아무 문제가 없다는 소리입니다. 창업 준비와 실질적인 창업 실행을 다르게 생각하는 것이 좋습니다.

창업을 준비하다가 도중에 그만 두는 분들이 많이 있습니다. 이유는 실제 카페를 오픈하려면 자신이 생각했던 것 보다 훨씬 많은 준비와 배울 것과, 알아 볼 것과 자금과 노력이 필요하기 때문입니다. 실제 점포를 계약하는 순간부터 다시는 돌아갈 수 없는 강을 건너는 것과 같습니다.

그러니 신중에 신중을 가하는 것이 좋습니다. 절대 서두르지 말고 충분한 시간 동안 알아보고 준비해야 합니다.

cafe 5

인테리어

카페를 하고 있는 사람들은 이런 말을 합니다. 카페 창업 전문가도 이렇게 말합니다.
일단 망하지 않는 카페를 만들려면,

메인이 되는 커피 또는 디저트가 훌륭하다.
인테리어가 멋지다.
카페 주인장이 인간적으로 매력적이다.

이 세 가지 중에 하나라도 완성도가 높으면 쉽사리 망하지 않는다고 합니다.
인테리어는 커피나 카페에 대해 아무것도 모르는 사람일지라도 이미지에 반해 카페로 들어오게 만드는 힘이 있습니다. 한국사람 특성 상 카페에 들어왔다가 그냥 나가는 사람은(물론 있긴 있죠.) 거의 없습니다. 제일 싼 음료라도 하나 사 가는 것이 일반적입니다.
인테리어에 반해 들어왔는데 막상 들어와 보니 나가고 싶어 졌습니다. 미안하기도 해서 제일 싼 아메리카노를 주문했는데 그게 맛이 있습니다.(이렇게만 된다면 참 좋을 텐데 말입니다.)
그만큼 인테리어도 카페의 중요한 부분입니다.

당신은 당신이 좋아하는 스타일이 있을 것입니다. 하얀 벽이 가득한 공간, 따스한 목재 공간, 거칠고 투박한 시멘트 공간. 프랜차이즈를 제외하면 전국의 카페 수만큼 다양한 인테리어가 존재합니다. 창업을 준비한다면 그 생각을 구체화 시켜야 합니다. 머릿속 생각을 현실로 끄집어내야 합니다.

가장 좋은 방법은 커피 투어와 마찬가지로 여러 카페를 돌아다니며 인테리어를 살피는 것입니다. 기억하고 싶은 인테리어는 사진을 찍어 기록하는 것이 좋습니다.

실제 점포를 계약하고 인테리어 업자와 구체적인 계획을 짤 때 당신이 구상하는 인테리어에 근접한 사진을 보여주면 더 완성도 높은 공사가 이루어집니다.

다른 방법으로는 도서관에 가는 겁니다.

카페 창업에 관한 책 속에는 여러 카페의 인테리어가 소개되어 있습니다. 창업 책 이외에 카페만을 다룬 책들도 많이 나와 있으니 살펴보길 권합니다. 잡지에도 핫한 카페 소개가 많이 되니 살펴보고 마음에 드는 것이 있으면 기록하도록 합니다. 기록한다고 해서 책을 무단으로 찢어서는 안 됩니다. 살며시 사진으로 남기고 있던 자리에 돌려놓아야 합니다.

당신은 그 중에 하나만을 선택하게 됩니다. 그렇다 하더라도 가급적이면 많은 자료를 모아두길 권합니다. 언제 어느 때에 생각이 바뀔지 모르는 일입니다. 지금은 따스한 느낌이 좋다가도 실질적인 준비에 들어가면 비용이나 공사 과정 등 예상치 못한 상황 때문에 인테리어는 부분 또는 전체 변경하는 경우가 비일비재하기 때문입니다.

책에서 본 인테리어가 마음에 들면 실제 그 카페에 가보는 것도 좋은 방법입니다. 아무래도 전문가가 찍는 사진이다 보니 현실로 볼 때는 다르게 다가올 수 있습니다.

카페 관련 책 이외에도 건축이나 디자인, 그림에 관한 책을 함께 보길 권합니다. 알게 모르게 미적 감각이 좋아지기도 합니다.

전문 시공업체에 인테리어 구상까지 맡겨도 됩니다. 그러나 당신이 직접 구상할 경우에는 카페에 이야기가 생깁니다. 손님이 인테리어에 대해 물어볼 때 해줄 수 있는 말이 많아집니다. 작은 구석 하나까지 당신의 손길이 닿게 하시길 바랍니다. 그 노력만큼 반드시 좋은 결과가 있을 것입니다.

cafe 6

카페 투어

처음 커피에 대해 말할 때부터 인테리어까지 누누이 이름난 카페를 가 보시라고 했습니다. 그럼 카페에 가서 커피 맛을 보고 인테리어를 살펴보면 끝일까요? 절대 아닙니다.
당신이 준비해야 할 모든 것이 카페에 있습니다.

가장 일반적인 카페 준비에 대한 생각을 해 봅시다.
카페에는 무엇 무엇이 필요할까요?

커피를 포함한 음료, 디저트, 인테리어 외에
테이블, 의자, 쿠션, Take-out컵, 뚜껑, 홀더(컵 겉면에 씌우는 두터운 종이), 캐리어, 빨대, 일반 머그컵, 고풍스런 커피 잔, 받침, 스푼, 냅킨, 화장실(인테리어 포함), 조명, 에스프레소 머신, 소품, 메뉴보드, 서비스, 바(bar)의 구조, 에어컨, 쟁반, 간판 등등 당신이 준비해야 할 모든 것이 그곳에 있습니다.

생각나는 대로 적었지만 이것 외에도 자잘한 종류가 아주 많이 있습니다. 큰 것도 있지만 카페에는 자잘하지만 소홀히 할 수 없는 것들이 많습니다. 이 모든 걸 당신도 마찬가지로 준비해야 합니다.
편하게 생각하면 가장 대중적인 모델로 도매시장에서 한 번에 구입할 수 있습니다. 그것도 한 방법입니다. 그러나 당신만의 감성이 가득한 카페를 생각하신다면 아무리 소소한 소품 하나라도 직접 발로 뛰며 구해야 합니다.

일반적인 아메리카노 머그컵을 생각해 봅시다. 도매시장에 가면 컵 당 오 천 원짜리 여섯 개 세트를 살 수 있습니다. 다x소에 가면 천오백 원 정도입니다. 이름 있는 외국 수입 컵은 개당 삼 만원이 넘어갑니다. 요즘은 카페 이름이 들어간 주문 제작 컵을 만들어 주는 곳도 있습니다. 당신은 어떤 선택을 하시겠습니까.

무엇을 선택하던 당신의 감성, 창업 준비 자금에 따라 가장 효과적인 물건을 구해야 합니다. 손가락만한 스푼만 하더라도 가격에 따라 디자인이 수 천 가지나 됩니다. 당신은 그 중에 하나를 선택하는 겁니다. 출근해서 점심으로 무얼 먹을지 잘 고르지 못하는 결정 장애가 있는 분들은 이런 세세한 것을 준비하는 데 진이 빠져 창업을 그만 둘 수도 있습니다.
반대로 커피나 디저트에 몰입한 나머지 것들은 대충대충 가격대비 무난한 것들로 선택하는 분들도 있습니다. 최종 결정은 당신 몫입니다.
기왕이면 가격도 알맞고 디자인도 멋진 제품을 고르는 것이 좋지 않겠습니까. 그러려면 많이 봐야 합니다. 카페도 가보고, 인터넷 쇼핑몰도 살펴보고 해서 작은 것 하나라도 당신의 센스를 담을 수 있으면 좋습니다.

그 모든 걸 한 번에 해결할 수 있는 방법이 카페 투어입니다. 가셔서 맛난 카피와 디저트도 드시고 매의 눈으로 가능한 한 모든 걸 스캔하길 바랍니다.

마음에 드는 컵이나 쟁반을 발견했을 때는 같은 제품을 어디에서 구입할 수 있는지 알고 싶습니다. 가장 빠른 건 카페 직원이나 주인장에게 물어보는 것입니다. 그런데 조금 창피해서 못 물어볼 수도 있고 구입할 수 있는 곳을 알려주지 않을 수도 있습니다.(자신만이 아는 희귀 제품일수록 더욱 그렇습니다. 어느 누가 다른 카페에서 같은 제품을 사용하는 것을 좋아하겠습니까.) 그럴 땐 너무 속상해 하지 마시고 일단 모든 자료를 사진 찍어서 기록으로 남깁니다. 그 자료를 포털 사이트 지식인 같은 곳에 올리고 물어보면 대부분은 어렵지 않게 찾을 수 있을 겁니다. 컵 같은 경우는 컵 바닥에 상표가 찍혀 있으니 그걸로 찾으면 됩니다.

마음에 드는 제품이 가격도 착하면 참 좋은데 좋은 제품은 대부분 가격이 만만치 않습니다. 자금적인 문제는 차츰 결정하기로 하고 지금은 가격에 상관없이 자료를 모으는 것이 집중합니다.

다른 방면으로 당신이 열심히 발품 팔아 멋진 컵을 발견했다고 칩시다. 카페를 방문한 손님이 컵을 보고는 '이 컵 정말 예쁘네요.' 하면 기분이 정말 좋습니다.

카페를 방문해서 볼 것이 또 있습니다.
바로 동선 입니다.
바(bar)의 구조(ㄱ자 형, ㄷ자 형), 테이블의 위치, 매장 구조에 따른 바와 테이블의 구성, 출입구의 위치 등입니다. 에어컨은 천장인지, 스탠딩인지, 쇼케이스는 어떠한지, 빙수를 파는 지, 냉장고, 오븐, 전자레인지, 모든 기기와 위치를 파악하길 바랍니다.

손님이 카페를 방문했을 때 음료를 주문하고 테이블에 가서 앉아 커피를 마시다 카페를 나갈 때까지 불편하지 않게 테이블과 바와 의자와 소품들이 놓여 있어야 합니다.

아직은 당신이 계약할 점포가 어느 정도 평수에 어떤 모양일지 모릅니다. 그렇다 하더라도 대략적으로 점포가 이런 모양이면 바는 어디에 설치하고 기기는 어디에 두며, 테이블은 어떤 식으로 몇 개나 두고 Take-out은 매장 안에서 할 것인지, 매장 밖으로 따로 문을 낼 것인지, 어떻게 해야 카페를 방문하는 손님이 불편하지 않게 이용할 수 있는 지 고민해야 합니다.

욕심을 부려 테이블을 과하게 두었는데 커피를 마시는 내내 Take-out 손님의 엉덩이를 바라봐야 한다면, 공감이 좁은 나머지 뒷사람 의자와 자꾸 부딪힌다면 어느 손님이 좋아하겠습니까.

카페는 김밥x국 같은 식당이 아닙니다. 물론 음식을 파는 곳이지만 그것과 함께 휴식과 감성도 함께하는 공간입니다.

카페 창업 준비에 필요하다 싶은 모든 정보를 사진과 카페 노트에 상세하게 적이 카페 역사를 만들어 나가길 바랍니다.

cafe 7

동업

창업 준비를 하다 보면 친한 친구들의 도움을 받게 됩니다. 카페 탐방 시 같이 가 준다거나 커피 및 디저트에 대한 평을 해 준다거나. 그러다 보면 친구 중에 같이 하고 싶거나 같이 해 보자는 제안이 들어올 수도 있습니다.

혼자보다는 둘이 하는 것이 심적으로 안심이 되고, 금전적으로 부담이 적고, 역할 분담으로 준비 과정도 혼자 보다는 수월하고, 망하더라도 피해가 적고, 카페가 잘 된다면 그건 말할 것도 없습니다.

이런 친구들은 한두 해 사귄 친구가 아니라 오랜 시간을 함께했을 가능성이 높습니다. 그래서 더욱 신뢰가 쌓여 함께 해도 무난한 것 같은 생각이 듭니다.

동업을 한다고 하면 주변에서 이런 반응이 나올 겁니다.

절대 동업은 하지 마라.
형제간에도 동업은 안 하는 거다.

그럼 당신은 이렇게 대응합니다.

우린 그런 사이 아냐. 돈 얼마 가지고 다투거나 하지 않아.
내가 조금 손해 봐도 친구니까 괜찮아.

결론부터 말하자면 절대로 하지 말기를 강력하게 권합니다.

동업이 깨지는 이유는 금전적인 부분만 있는 것이 아닙니다.
차라리 준비 기간에 이견이 있으면 다행입니다. 그렇지 않아서가 문제
입니다.
준비기간에는 전혀 문제가 나타나지 않습니다. 실제 카페를 오픈하고
도 일정 시간 동안은 손발이 척척 맞습니다. 실제 일이 벌어지는 시간
은 그 이후입니다.

카페가 잘 되는 경우는 문제가 있다고 해도 아무 문제가 없습니다. 힘
들어도 즐겁고, 친구보다 돈을 조금 덜 가져가도 신나고, 친구보다 조
금 더 일해도 아무렇지 않습니다.
문제는 매출이 어정쩡하여 노력한 만큼 나오지 않을 때부터입니다. 매
출 증진 방법부터 일하는 시간, 청소 등 사사건건 대립하게 됩니다.
왜냐고요? 매출이 안 나오니까 재미도 없고, 신나지도 않고, 지겹고,
그러는 와중에 친구와 자신을 비교하게 되기 때문입니다.

물론 그런 고난을 슬기롭게 헤쳐 나가고 진솔한 동업자로서 카페를 운
영하는 곳이 없는 건 아닙니다. 동업을 생각하는 순간 당신의 머릿속
에는 이와 같은 장면이 그려졌기에 결정하게 됩니다. 그러나 현실은
생각보다 더 치졸하고 사악합니다. 오래 사귄 아까운 친구와 소원해지
기 싫다면 그 생각을 접으시길 권합니다.

다른 방면으로는 교육 기관에서 만나는 사람들과의 동업입니다. 멋진
개인 카페라는, 같은 꿈을 꾸는 사람들끼리 당연히 마음이 잘 맞습니

다. 이 경우도 마찬가지입니다. 카페가 잘 되면 친구든 ,같은 교육생이든, 형제든 아무래도 괜찮습니다.

이 같은 경우는 준비과정에서부터 대립이 생길 가능성이 높습니다. 스타일이 다르기 때문입니다. 찻잔 하나, 스푼 하나 선정하는 데 스타일이 다르다보니 이것도 저것도 아닌 상황이 발생합니다. 백 번 양보해서 당신은 그런 것에 전혀 관심이 없고 오직 커피나 디저트에만 관심을 쏟는다고 칩시다. 카페를 운영하면 할수록 인테리어를 담당하는 분과 음식을 담당하는 분 사이에 묘한 이질감이 생깁니다. 한마디로 내카페가 내 것 같지 않게 다가올 수 있습니다. 손님들이 인테리어에 대해 좋거나 안 좋게 말하면 동업자가 신경 쓰이고, 음료나 디저트를 가지고 뭐라 하면 당신이 신경 쓰입니다.

일례로 청평에서 베이커리 카페를 하는 친구가 있습니다. 오랜 친구입니다. 처음 카페를 함께 하기로 했을 때 친구 한 명이 더 있었습니다. 창업 준비를 하면서 저와 나머지 두 사람 간에 이견이 생겼습니다. 저는 커피에 집중하고 싶었고 두 사람은 디저트에 관심이 많았습니다. 준비 기간에서도 이견이 있었습니다. 그래서 결국 준비 기간에 각자의 길을 가기로 했습니다.

그 후 저는 카페를 오픈 하였고 두 친구는 일 년 후에 동업으로 오픈하였습니다. 그리고 다시 일 년 후에 저는 카페를 계속 운영하였고 두친구는 카페를 닫고 멀어졌습니다. 금전적인 문제 보다는 카페 운영에 관한 사항으로 대립이 되었던 겁니다. 매사에 신중한 친구와 일단 시작해 보는 스타일의 친구였습니다.

다른 경우도 있습니다.

제 카페 옆 자리에 휴대전화 대리점이 새로 문을 열었습니다. 두 친구가 동업을 해서 연 매장입니다. 한 친구는 오랜 직장 생활에서 모은 자금을 대고 다른 친구는 휴대전화 유통을 오래 한 분이었습니다. 운영 전략이 좋았던지 동네에서 가장 싸고 서비스가 좋다고 소문이 났습니다. 그곳도 육 개월 만에 문을 닫았습니다. 자세한 내막은 알 수 없지만 언젠가부터 두 사람 중에 자금을 댄 사람만 매장에 출근하기 시작했습니다. 이견이 있었던 것입니다.

이걸 가지고 일반적인 해석을 내리기는 어렵습니다. 동업은 장사가 안돼서 망하면 그나마 다행입니다. 그것과 함께 사람을 잃게 됩니다.

그러니 잘 되더라도 혼자 될 되고, 안 되더라도 혼자 안 되는 것을 추천 드립니다.

cafe 8

카페 창업 자금

카페 창업에 가장 큰 부분을 차지하는 것이 등장했습니다. 사실 돈만 넉넉히 있으면 카페 하나 창업하는 건 일도 아닙니다. 굳이 시간 들여 커피를 배우지 않아도 됩니다. 실력 있는 바리스타를 매니저로 고용하면 되니까요. 카페를 돌아다니며 인테리어를 살필 필요도 없습니다. 이름 난 인테리어 설계사에게 의뢰하면 되니까요.

지나가는 말로 카페 주인장들은 이렇게 말합니다. 취미생활로 일, 이억 정도 사용할 수 있으면 카페 창업만큼 재미난 일은 없다고 말입니다. 그런 분들이 없는 건 아닙니다. 아버지 소유 건물 일층 알짜배기 자리에 카페를 내 주는 경우고 봤고, 생일 선물로 강남에 카페를 차려 준 사모님도 봤습니다. 정말로 '재미있어 보이는 데 카페나 한 번 해 볼까.'입니다.
아쉽지만 저나 당신이나 너무 먼 세상 이야기입니다. 그런 사람들은 그런 대로 내버려 두고 우린 우리 식대로 준비합시다. 열심히 준비하고 고생해서 만든 카페가 진짜 멋진 카페라고 스스로를 다독이면서 준비합시다.

카페를 창업하려면 평균적으로 얼마가 필요할까요? 답은 모른다, 입니다.
보증금, 권리금 이란 말을 들어 보셨을 겁니다. 상권이란 말도 들어

보셨을 겁니다. 평균적인 경비를 책정하기에는 변수가 너무 많습니다. 그럼 방법이 없단 말인가? 아닙니다. 있습니다.

당신이 생각하는 자금으로 카페를 만들면 됩니다. 그래도 잘 모르겠다면 알려드립니다. 최소 7,000만원이 필요합니다. 조금 더 능력이 된다면 일억입니다.

번화가 말고, 오피스 밀집지역 말고 8평에서 10평정도 되는 카페를 여는 데 드는 비용이라고 생각하시면 됩니다. Take-out 전문점은 다릅니다. 크게 보증금, 권리금, 인테리어, 월세 부분에서 차이가 날 것입니다.

이보다 더 필요할 수도 있고 이것보다 적은 금액으로도 가능합니다. 그렇다 하더라도 최소 7,000은 준비하는 것이 좋습니다. '보증금+권리금+인테리어+머신 및 각종 물품+3달치 월세=7,000' 정도라고 기준을 잡고 준비를 하면 됩니다.

'부족하지 않을까?' 하는 분들은 더 준비하면 되지만 '너무 많은 것 아닌가?' 하는 분들은 창업에 대해 다시 한 번 생각해 보시기 바랍니다. 카페 창업에서 7000은 결코 많은 금액이 아닙니다. 카페는 초기 자본이 많이 들어가는 사업입니다. 왜냐하면 모든 물품을 전부 구매한 상태에서 시작하기 때문입니다.

이건 시작에 불과합니다. 이제부터 점포 계약에 따른 복잡한 계산이 시작됩니다. 이제부터 에스프레소 머신에서부터 작디작은 스푼 하나까지 머릿속이 복잡해집니다. 손길이 닿는 하나하나에 전부 돈이 필요합니다.

7,000이 나온 상세 내역을 알려 드리겠습니다.

실제로 알아본 점포 중에 하나입니다. 기존에 치킨 집 이었습니다. 10평입니다.

보증금 2,000
권리금 1,000
인테리어 2,000
에스프레소 머신 보급형(아피아+그라인더), 냉장고, 제빙기, 에어컨, Take-out 용품을 비롯한 각종 물품 1,000 ~ 1,500
월세 100*3=300

여기에 로스팅을 한다고 하면 로스터기 900정도(1kg 태환기준)가 추가 됩니다.
제빵 제과를 위한 오븐기가 필요하다면 로스터기VS오븐기를 가격비교 하면 됩니다.
프라프치노 같은 음료를 할 생각이면 얼음 갈아주는 블랜더 200.
전부 새 제품으로 구매할 경우입니다.

자금이 남는다고 할 경우는 만약의 사태를 대비해 가지고 있으면 좋습니다. 카페가 알려지기까지 걸리는 시간 동안 여유 자금이 넉넉하면 마음이 편해지고 스트레스도 덜 받습니다.

이 점포는 큰길 도로에서 주택가 쪽으로 오십여 미터 안쪽에 위치해 있습니다. 큰 길 도로에도 비슷한 크기의 점포가 있었는데 권리금이 5,000이었습니다. 일억이 드는 건 순간입니다. 누구나 카페 창업에 대한 꿈을 꿀 수 있지만 아무나 창업하지는 못합니다. 단단히 결심해야 합니다.

너무 낙담하지 않길 바랍니다. 돈이 조금 더 들더라도 인테리어를 근사하게 하고 컵받침 하나도 메이커를 구매해야겠다고 하면 당신의 감성대로 하면 됩니다. 그러나 자금이 간당간당 하거나 좀 더 적은 금액으로 창업하고 싶다면 방법이 없는 건 아닙니다.

운이 아주 좋은 경우, 권리금이 없는 점포가 있습니다. 그럼 큰돈이 굳습니다.
5평 내외의 작은 점포를 알아보면 됩니다.
평균적으로 10평이면 테이블이 8개 정도, 5평이면 3~4개 정도 들어갑니다.
에스프레소 머신을 포함해 각종 기계장비를 중고로 구입합니다.
전기, 수도 같은 중요 사항만 인테리어 업자에게 맡기고 나머지는 본인이 시간 들여 직접 합니다. 단, 인테리어 업자들은 이런 공사를 잘 안 해 줍니다. 전기 따로, 수도 따로 전문 업체를 알아봐야 합니다.
단, 셀프 인테리어를 할 경우 건물주와 협상을 잘 해야 합니다. 인테리어 전문은 보통 2주 안에 공사가 끝납니다. 반면에 직접 할 경우는 시간이 더 걸립니다. 건물주가 인테리어 공사 기간을 빼 주면 좋지만 계약부터 월세가 계산된다면 한 달 치 월세가 그냥 없어지게 됩니다. 잘 생각해 보시길 바랍니다.
테이블, 의자 역시 중고. 컵 같은 것은 도매상이나 다x소.
이러면 조금이라도 자금을 줄일 수 있습니다.
어떤 식으로 진행할지는 당신이 결정하시면 됩니다.

자금과 관련해서 빠질 수 없는 것이 '대출'입니다.

자기자본 100%로 창업하는 사람은 거의 없습니다. 대부분 일정 정도는 대출을 끼고 창업을 시작합니다. 대출을 받는다고 해서 꼭 나쁜 것만은 아닙니다. 카페가 잘 돼서 갚으면 됩니다. 다만, 대출을 생각하고 계신다면 전체 자금의 2~30%내외로 받길 권합니다.

7,000이면 2,000 정도. 일억이면 3,000 정도입니다.

카페가 잘 된다는 보장만 있으면 대출이 무슨 문제겠습니까. 그러나 그렇지 않다면 상황은 달라집니다. 최악의 상황으로 카페를 접을 경우 카페가 문을 닫아서 속상한데 대출마저 남아 있으면 정말 비참합니다. 대출금액은 보증금과 각종 집기를 처분하여 받을 수 있는 돈으로 감당할 만한 수준이 되어야 합니다. 그 비율이 2~30%입니다.

카페를 실패한 것은 그럴 수도 있습니다. 그렇지만 빚쟁이가 되면 삶이 고단해집니다. 결론은 대출을 받는다면 감당할 수준 내에서 받는 것이 좋습니다.

어느 정도 감이 오셨으면 좋겠습니다. 제가 보여드린 건 한 가지 표본에 불과합니다. 적은 금액으로 알찬 카페를 만드는 분들이 많습니다. 그렇다 하더라도 자금은 넉넉히 준비하시는 것이 좋습니다. 자금이 간당간당하거나 여유 자금이 없으면 그 압박감이 생각보다 크게 다가옵니다. 시간이 조금 더 걸리더라도 준비를 알차게 한다 생각하시고 여유 있는 자금 계획을 세우시기 바랍니다.

cafe 9

테이블이 있는 카페 / Take-out 전문점

'카페'라고 하면 나른한 햇살이 커다란 통유리를 통해 들어오는 오후, 아담한 공간에 앉아 커피를 마시며 한가로이 책을 읽는 모습을 떠올리는 분들이 있을 것입니다. 카페라는 말이 주는 일반적인 이미지입니다. 그러기 위해서는 테이블을 충분히 놓을 공간이 필요합니다. 테이블 3~4개를 놓을 경우 바(bar)의 공간까지 포함하여 최소 6~8평정도 되는 공간이 필요합니다. 앞서 창업 자금에 대해 알려드렸듯이 대충 얼마만한 금액이 필요할지 짐작할 수 있을 것입니다. 반면에 작은 테이블 1~2개(혹은 야외 테이블)나 아예 테이블 없이, 1~3평 내외에서 카페를 할 수 있는 것이 Take-out 전문점입니다.

테이블이 있건 없건 각각 장단점이 있습니다. 가장 큰 차이는 창업 금액입니다. 창업 자금 중에서 가장 큰 비중을 차지하는 것이 점포 크기입니다. 점포가 클수록 비용이 많이 들고 작을수록 적게 들어가는 것은 당연합니다.

금전적인 부분을 제외하면 이야기는 달라집니다. 카페는 맛있는 커피와 디저트, 소통과 휴식이 이루어지는 공간입니다. 카페를 운영 하다 보면(개인 카페는 더욱) 손님들과 이야기를 많이 하게 됩니다. 일상의 자잘한 대화를 비롯해 커피에 대해 물어보는 손님, 카페 창업에 대해 물어보는 손님. 어떤 경우는 지친 손님을 위로하기도 합니다. 특히 커피를 좋아하는 저는 손님과 커피에 대해 대화를 나눌 때면 하루의 피로가 가실만큼 기분이 좋았습니다.

단골이 된 손님들은 오며가며 커피를 안사더라도 안부를 주고받고, 때때로 맛 좀 보라며 여러 간식들을 챙겨 주시기도 합니다. 그럼 저는 답례로 맛난 커피 한 잔 그냥 드립니다. 그러다 보면 손님이 새로운 손님을 데려와 소개시켜줍니다.

'이곳이 내가 좋아하는 카페야. 커피도 맛있고 주인분도 좋아.'

이런 맛에 카페 하는 것 아니겠습니까?

반면에 Take-out 전문점은 조금 다릅니다. 창업 자금 면에서는 유리하지만 테이블이 있는 카페에 비해 감성적인 부분, 소통하는 부분이 부족합니다. Take-out 전문점이라고 해서 소통이 하나도 없는 것은 아닙니다. 이곳에도 단골이 있고 주인장과 교감을 쌓을 수 있습니다. 그러나 Take-out 전문점에서 커피에 대해, 일상에 대해 이야기하는 모습을 많이 보지 못했습니다. 주인장이 직접 운영하기 보다는 아르바이트 직원이 많았고, 주인장이라고 해도 커피에 대해(디저트에 대해) 대화를 할 수 있는 분은 많지 만나보지 못했습니다. 또 다른 면으로는 카페가 단지 커피와 음료를 파는 곳이 될 가능성이 높습니다. 개인적으로 이런 경우는 커피를 파는 가게이지 당신과 제가 생각하는 'cafe'는(감성, 소통, 휴식이 있는) 아니라고 생각합니다.

모든 Take-out 전문점이 그런 것은 아닙니다. 작은 공간에서 직접 로스팅도 하며 운영하는 Take-out 전문점도 있습니다. 젊은 친구였는데 열심히 하는 모습이 보기 좋았습니다. 커피 공부를 더 하고자 2년 정도 운영을 하고 문을 닫았습니다.

어느 것이 좋다, 나쁘다, 라고 하지 않겠습니다. 각자 형편과 상황에 맞게 자신만의 카페를 만들면 됩니다. 어떤 형태이던지 그 공간에 당신만의 감성을 담으면 그곳이 최고로 좋은 카페입니다.

cafe 10

조금이라도 더 신경 쓰는 아메리카노와 라떼

다시 커피 이야기를 해 보도록 합니다.

카페에서 가장 많이 팔리는 음료는 아메리카노와 라떼입니다. 생과일 주스가 전문이면 쥬스일 겁니다. 버블티나 홍차 전문점도 그럴 겁니다.

이번에는 아메리카노와 라떼에 대해 알아봅시다.

조금이라도 더 맛있는 아메리카노와 라떼를 만드는 법입니다.

조금이라도 더 신경 쓰는 아메리카노

카페 창업을 결심하신 분들 중에 에스프레소 머신을 이용해 아메리카노와 라떼를 못 만드는 분은 없을 것입니다.

아메리카노는 에스프레소 원 샷(카페에 따라 투 샷이 기본인 경우도 있습니다.) + 뜨거운 물입니다. 에스프레소는 머신 버튼만 누르면 나옵니다. 뜨거운 물도 머신이나 온수기에서 뽑으면 됩니다. 어려운 것이 하나도 없습니다. 커피에 기본이 되는 음료입니다.

당신이 선택한 커피 원두가 신맛이든, 중간 맛이든, 쓴맛이든 여러 방식으로 테스트를 해 보아야 합니다.

가장 먼저 뜨거운 물입니다.

에스프레소 머신이나 핫워터디스펜서 같은 온수기는 물 온도를 조절할 수 있습니다.

통상적으로 신맛이 나는 커피는 물 온도를 높게(90~95도), 쓴맛이 나는 커피는 물 온도를 낮게(85~90) 합니다.

다 아시겠지만 그래도 알려드린다면,

물 온도가 높을수록 신맛이 줄어듭니다.

물 온도가 낮을수록 쓴맛이 줄어듭니다.

물 온도가 낮으면 신맛이 강해집니다.

물 온도가 높으면 쓴맛이 강해집니다.

그러니까 적절한 물 온도로 맛있는 신맛과 쓴맛을 찾아내는 겁니다.

이런 건 실제로 머신을 앞에 두고 아메리카노를 테스트 해 보면 단번에 알 수 있지만 그런 여건이 되지 않으니(글로만 설명을 할 수 밖에 없으니) 다른 음료는 몰라도 아메리카노와 라떼 만이라도 설명을 하는 겁니다.

당신이 손님에게 팔겠다고 최종적으로 선택한 커피를 가지고 실험을 해 봅시다.

온도계를 준비합니다.

뜨거운 물을 받고 온도를 체크합니다. 91도입니다.

당신의 기준에 따라 원 샷이던 투 샷이던 에스프레소를 넣습니다.
컴퓨터, 스마트폰, 노트 어디에라도 당신이 느낀 맛을 표현하여 적습니다.

이번에는 온도를 조절하여 94도로 만듭니다.
마찬가지로 에스프레소를 넣고 맛을 봅니다.

88도로 조절하여 만들어 봅니다.

가급적이면 85도 아래로는 추천하지 않습니다.
너무 미지근해서 식어버린 커피 느낌이 납니다.

이 외에도 다양한 온도로 아메리카노를 테스트해 봅니다.
이렇게 말할 수도 있습니다.
94도로 뽑아도 시간이 지나면 90도, 88도가 되지 않느냐.
그럴 바에는 처음에 뜨겁게 하면 좋지 않느냐.
그렇게 하셔도 됩니다. 당연하게도 커피는 시간이 지나 식어갈 때마다
조금씩 맛이 변합니다.

제가 하고자 하는 말은 첫 모금입니다.
손님이 아메리카노를 받아 들고 마시는 그 첫 모금의 느낌입니다.

첫 모금이 너무 뜨거울 경우 커피 맛이 잘 살아나지 않습니다.
너무 미지근할 경우 뜨거운 음료에 대한 기대감이 사라집니다.
(뜨거운 아메리카노는 어느 정도 뜨거워야 합니다.)

주인장에게 받아 든 아메리카노를 한 모금 마시고 '아, 맛있다.' 하면 기분 좋지 않겠습니까?
분명 당신이 선택한 원두에 가장 어울리는 물 온도가 있을 것입니다. 그걸 찾아야 합니다.

물 온도를 조절하는 다른 방법입니다.

당신이 선택한 온도로 만든 아메리카노를 대부분의 손님들이 좋아하는데 유독 뜨거운 걸 못 드시는 분들이 있습니다.(손님들이 입맛이 얼마나 까다로운 지는 당해보면 금방 압니다.) 그럴 경우 그 분 만을 위해 물 온도를 조절할 수는 없는 일입니다. 그럴 때는 얼음(제빙기가 있으니까요.)을 한 개나 두 개 넣으면 됩니다. 찬 물 보다는 얼음이 좋습니다.

매 번 이렇게 드시는 단골손님이 말해 준 바에 의하면 커피에 얼음을 섞으면 좀 더 부드러워진다고 합니다. 그 손님만의 느낌일 수도 있지만 한 번 테스트해 볼 가치는 있습니다.

당신이 선택한 온도보다 조금 더 높게 설정하고 거기에 얼음을 넣어서 주는 겁니다. 물론 손이 더 가긴 합니다만 그것으로 인해 매출이 올라갈 가능성이 있다면 시도 해 볼 만한 실험입니다.

커피란 게 참 간단하면서도 따지고 들면 한도 끝도 없이 세세한 변화가 가능하기에 어려우면서도 재미있는 음식입니다.

커피를 오래 전문적으로 해 오신 분들이 창업할 경우는 해당사항 없습니다. 저보다 더 좋은 에스프레소와 아메리카노를 만들 것이 분명하니까요. 그냥 보통의 평범한, 불특정 다수를 대상으로 하고 있습니다.

다음으로는 물, 에스프레소 농도, 컵 크기의 조화입니다.

물 온도에 이어 살펴볼 것은 커피의 심장이라고 하는 에스프레소입니다. 여기에서는 에스프레소 본연에 대해서는 다루지 않겠습니다. 에스프레소는 어떠해야 한다, 라고 말하기는 어렵습니다. 다양한 커피만큼 에스프레소도 다양합니다. 당신과 당신의 카페를 찾는 손님들이 맛있다고 하는 에스프레소가 좋은 카피입니다. 따라서 이 글에서는 오직 에스프레소 양만 갖고 말하겠습니다.

한 잔의 아메리카노를 생각해 봅시다. 에스프레소를 물과 섞고 컵에 담아 나갑니다.
살펴볼 사항은 컵의 크기입니다.
머그컵, 찻잔, 일회용 컵. 대부분 이 셋 중에 하나에 담을 겁니다.
이해하기 쉽게 그냥 컵이라고 하겠습니다.
컵의 크기가 300ml (대략 10온스)라고 합시다.
일차로 에스프레소 30ml 추출하여 넣고 물을 섞어 테스트합니다.
이번에는 에스프레소 25ml, 20ml. 이런 식으로 테스트를 하여 가장 느낌이 좋은 아메리카노를 만드는 겁니다.
프랜차이즈 매장에는 컵이 크기별로 있습니다.
개인 카페도 여러 가지 컵으로 많이 판매합니다.

컵이 커지면 물의 양이 달라집니다. 거기에 따라 에스프레소 농도나 양을 조절해 가면서 1샷이든, 2샷이든 당신이 느끼는 최상의 아메리카노를 찾읍시다.

더 세세하게도 가능하지만 여기에서는 물 온도, 에스프레소 양, 컵의 크기만 다릅니다.
이 세 가지 요소만 잘 어우러지게 해도 충분한 효과나 나올 것입니다.

조금이라도 더 신경 쓰는 라떼

이번에는 라떼입니다.
라떼 만드는 법은 아메리카노와 똑같습니다. 물 대신 스팀 우유만 넣으면 됩니다. 아주 간단합니다.

세팅하는 법도 똑같습니다. 에스프레소 양과 컵의 크기와 우유의 온도를 조화롭게 맞추면 됩니다. 단, 라떼는 한 가지가 더 추가됩니다. 바로 우유입니다.
카페에서 음료를 만들 때 사용하는 물은 연수(잘 모르셔도 에스프레소 머신 설치하시는 분들이 함께 필터를 설치해 줍니다.)입니다. 그런데 우유는 종류가 천차만별입니다.
쉽게 간과하는 부분이 있는데 우유와 커피 사이에 궁합이 있습니다.
일단 마트에서 여러 종류의 우유를 사 옵니다.
에스프레소를 뽑고 종류별로 스팀우유로 라떼를 만들어 보세요.
우유에 따른 라떼 맛이 확연히 다릅니다.

잘 모르시는 분(특히 바리스타 자격증을 따고 조그만 Take-out 전문점이나 해야겠다고 생각하는 중년 창업자 분들)이 주로 사용하는 우유는 카페 전용으로 서x우유에서 나온 바리스타용 우유입니다. 마트에 파는 우유보다 값이 저렴합니다. 그 우유가 나쁘다는 소리가 아닙니다. 다만 당신이 선택한 커피와 궁합이 맞느냐가 중요합니다.

안타깝게도 바리스타 전용 우유보다 마트에서 파는 우유로 만든 라떼가 더 맛있다면 당신은 어떻게 하시겠습니까? 당연히 궁합이 맞는 우유를 싸야지, 하고 생각하실 겁니다. 문제는 그럴 경우 음료 판매가가 높아집니다. 그러니 잘 생각해야 합니다. 가격대비 최상의 궁합을 보이는 우유를 찾아 맛있는 라떼를 만들기 바랍니다.

라떼아트요?

그건 커피가 아니라 기술입니다. 저도 커피 교실을 운영했었는데, 보통 사람은 원리(라떼아트에 맞는 우유거품 만드는 법.)를 배우고 우유 열통에서 이십 통 정도 연습하면 하트와 나뭇잎 정도는 웬만하면 다 만듭니다. 드문 경우이긴 하지만 수 없이 연습을 해도 하트를 못 만드는 분을 딱 한 명 봤습니다. 대신 만들어 줄 수도 없는 노릇이라 난감했습니다. 결국 그 분은 쿨하게 라떼 아트 같은 건 안 해도 상관없다고 했습니다.

cafe 11

메뉴 정하기

이제 차곡차곡 당신만의 창업 노트에 여러 가지 정보가 쌓여가고 있을 겁니다.

이번에는 메뉴에 대해 살펴봅니다.

카페 메뉴에는 어떤 것이 있을까요?

음료, 디저트, 카페 컨셉에 따라 와플, 파스타, 떡볶이, 만두 등등

메뉴에는 제약 사항이 없으니까 수 없이 많은 메뉴를 만들어 팔 수 있습니다.

가장 일차적으로 당신이 주력으로 팔고자 하는 메뉴가 있을 것입니다. 커피, 조각 케이크, 와플, 파스타, 쿠키, 생과일주스. 그 외에 여러 가지 메인 메뉴입니다.

그런데 카페에서 메인 메뉴만 팔수는 없습니다.

당신만의 메인 메뉴를 맛보러 오는 손님들도 있지만 유명하다고 해서, 근처에 살아서, 지나가다 쉬려고 카페에 오는 경우도 많습니다. 그런 분들을 위해서라도 메인 메뉴 외에 다양한 메뉴들을 준비하게 됩니다. 저는 오직 커피로 승부하겠다고 처음에는 커피만 팔았는데 녹차 라떼와 생과일주스를 찾는 손님들이 예상 외로 많이 오시는 겁니다. 또 커피 전문점에 오셔서는 카페인이 들어가지 않는 음료를 찾는 분도 많았습니다. 어쩌겠습니까. 하나하나 커피를 제외한 음료를 만들었습니다. 이처럼 카페에는 기본적으로 다양한 손님들을 위한 메뉴가 구비되어

있어야 합니다.

그렇다고 너무 많은 메뉴가 있으면 카페가 없어 보입니다.(전문적이지 않게 보인다고 할까요.)

적절하지만 알찬 메뉴 구성을 해야 합니다. 유행하는 트렌드도 잘 살펴야 하고요.

그럼 기본적인 메뉴에는 무엇이 들어가야 하는가?

막상 생각하려하니 잘 떠오르지 않습니다.

당신이 주력하는 메인 메뉴 외에 필요한 메뉴를 알아보는 손쉬운 방법이 있습니다.

인터넷 포털 검색창에 프랜차이즈 카페를 검색하면 홈페이지가 뜹니다. 그곳에는 판매하는 메뉴를 보여주는 섹션이 있습니다. 그걸 참고하면 됩니다. 이런 메뉴를 파는구나, 하고 알 수 있습니다.

마찬가지로 인터넷 검색으로 유명한 카페를 찾아봅니다. 친절한 블로거들이 메뉴를 사진에 남겼을 겁니다. 또는 직접 카페를 찾아가서 메뉴를 조사해도 됩니다. 간단합니다.

이것을 참고 해서 당신이 마음에 드는 메뉴나 필요하다고 생각되는 메뉴를 만들면 됩니다. 메뉴를 살펴보다 보면 공통되는 메뉴들이 보일 겁니다. 그 중에 당신이 팔고 자 하는 메뉴를 선택하면 됩니다. 대부분의 카페는 공통된 메뉴에 더해 각자 그 카페만의 고유 메뉴가 있습니다. 당신도 물론 있을 것입니다. 그런데 당신 카페도 다른 카페들과 많은 부분 메뉴가 겹치기 때문에 차별점이 없습니다. 이 부분에서 생각을 달리 해야 합니다.

녹차 라떼를 예로 들겠습니다.

녹차 라떼는 녹차 분말에 우유를 섞어 만듭니다. 기술이라 할 만한 것이 없습니다.

그런데 녹차 분말에는 국산이 있고 외국산(주로 일본산)이 있습니다. 국산 분말도 회사별로 맛 차이가 납니다. 단 맛이 높은 것도 있고 녹차 맛이 높은 것도 있습니다.

다른 방법으로는 순수 녹차 분말이 있습니다. 설탕이 첨가 되지 않는 제품입니다. 그것을 사용할 경우 우유와 설탕의 비율을 당신만의 비법으로 찾아 만들어 낼 수 있습니다. 외국산도 마찬가지입니다. 또는 홍차처럼 직접 녹차 잎을 우려내 거기에 우유를 첨가할 수도 있습니다.

유자차 같은 경우

시중에 판매되는 제품을 사용한다.

유기농으로 재배한 농장에서 만든 제품을 사용한다.

직접 유자청을 만들어 판매한다. 이럴 경우 '주인장이 직접 만든 건강한 수제 핸드 메이드 유자차.'라고 홍보할 수 있습니다.

같은 메뉴라도 얼마든지 차별화를 둘 수 있습니다.

음료뿐만 아니라 디저트에도 같은 방식이 적용됩니다.

오직 당신의 카페에서만 맛볼 수 있는 메뉴를 선정하고 개발하는 것이 좋습니다.

같은 메뉴라도 당신 카페에서 만든 메뉴가 더 매력 있게 만들면 좋습니다.

모든 메뉴는 과학적이어야 합니다.

다시 말하면 계량화 되어야 한다는 말입니다.

'어머니의 손맛.' 같은 개념은 매력적으로 다가올 수 있지만 자칫 잘못하면 맛의 기복이 크게 생기기 때문에 조심해야 합니다.

음식은 시간이 지나면 어쩔 수 없이 조금씩 변합니다.

커피 원두도 시간에 따라 상태가 변합니다.

그래도 당신 카페를 찾는 사람들이 언제나 같은 맛을 느낄 수 있도록 수치상으로 계량화 시켜 놓아야 합니다.

예를 들면 아메리카노의 경우 에스프레소 25ml 한 샷 + 90도 온도의 물 250ml 같이 말입니다.

새로운 메뉴 개발

저는 일 년에 두세 번 정도 새로운 메뉴를 추가했습니다.

새로운 메뉴라고 해서 꼭 창의적인 메뉴를 생각할 필요는 없습니다.

당신의 메뉴에 없던 메뉴를 추가하는 겁니다.

유행하는 음료나 메뉴에는 없지만 적지 않은 손님이 찾는 메뉴 말입니다.

저는 콜라나 오렌지 주스를 팔지 않았습니다. 그런 음료는 마트에서 사 드시는 게 더 싸기 때문입니다. 굳이 카페까지 와서 콜라나 주스를 드시게 하고 싶지 않았습니다.

그런데 그런 음료를 찾는 분이 은근히 많았습니다. 다른 음료도 많은데 굳이 그걸 찾으시고 없다고 하면 심지어 다시 카페를 나가기까지 하는 겁니다. 주로 나이가 있으신 부인들이 찾았습니다. 음료를 구비하는 건 하나도 어렵지 않았습니다. 문제는 저의 카페 운영 철학과 부딫힌다는 점이었습니다. 그래서 결국 손님을 내보내기 보다는 음료를 파는 쪽으로 결정을 바꿨습니다.

콜라나 주스는 신 메뉴라고도 할 수 없지만 기존에 없던 메뉴를 추가하면 신 메뉴입니다.
주기적으로 새로운 메뉴를 찾아 추가해 메뉴에 변화를 줍시다.
직접 돌아다니며 메뉴를 찾기 어려울 때에는 단골손님들에게 슬쩍 물어보거나(요즘 유행하는 음료가 있어요?), 새롭게 맛 집으로 뜨고 있는 카페 메뉴를 살펴보면 좋습니다.
홍대나 이태원에 새로 생기는 카페들은 정말로 기발한 메뉴가 많습니다. 그런 것들을 참고하여 당신만의 기술로 새롭게 만들어 냅니다.

종종 이런 소식이 뉴스에 나옵니다.
어떤 카페에서 심혈을 기울여 새로운 메뉴를 만들어 인기를 끌었습니다. 그 후 삼 개월도 채 지나지 않아 거의 모든 카페에서 같은 메뉴가 등장하는 겁니다. 한마디로 메뉴 카피입니다.
마트에 가보면 비슷비슷한 맛의 과자들이 회사별로 있는 것과 같은 이유입니다.
이런 부분에 대해서도 한 번 쯤은 신중히 생각해 봐야 합니다.
만드는 방법을 모르면 따라할 수 없겠지만 대부분은 한 번만 먹어 봐도 어떤 식으로 만들면 되는 지 재료와 방법이 떠오르게 됩니다. 이 역시 당신이 결정할 부분입니다.

단골손님들은 새로운 메뉴가 보이면 그걸 드시고 고맙게도 품평을 해 줍니다. 좋다거나 이런저런 부분이 아쉽다. 그럼 그걸 참고해서 더욱 완성된 메뉴로 바꾸면 됩니다.

메뉴 중에서 유독 인기 없는 메뉴가 나오기도 합니다. 한 달에 열 잔도 안 팔리는 메뉴 말입니다. 그런데 희한하게도 꼭 그 메뉴만 찾는 손님이 있습니다. 음식 재료라는 것이 한 번에 이 삼 인분씩 준비하는 것이 아닙니다. 대부분 대용량으로 구매하게 됩니다. 매 번 구매를 하자니 재고문제가 생기고, 안 팔자니 그 손님에게 미안합니다. 인기 없는 메뉴에 대한 처리 역시 한 번쯤은 생각해 보시기 바랍니다. 유지할 것이냐, 뺄 것이냐.

cafe 12

홍보

점점 경쟁이 치열해지는 사회입니다. 이 상황에서 당신은 오래도록 유지하고 싶은 카페를 꿈꾸고 있습니다. 당신과 같은 꿈을 간직한 카페들이 끊임없이 생겨나고 있습니다. 이 속에서 살아남는 카페가 되기 위해서는 남들보다 먼저 사람들의 눈이 띄어야 하는 것도 중요합니다. 바로 홍보입니다. 시대가 변하면서 오픈을 하기 전부터도 홍보가 가능해졌습니다. 인터넷을 기반으로 한 SNS입니다. 블로그, 페북, 인스타 등에 당신만의 카페를 위한 공간을 개설합니다. 창업을 준비하면서 그 과정을 담은 소식을 올리는 겁니다. 저는 이 부분을 잘 못해서 사람들에게 알려지기까지 오랜 시간이 걸렸습니다. 오직 입소문으로만 승부하겠다는 똥배짱이 있었습니다. 그런데 당신은 절대 그러지 않길 바랍니다. 조금 과하더라도 준비 단계부터 홍보를 하는 것이 백 번, 천 번 도움이 됩니다.

많은 사람들이 관심을 가져주면 아주 좋고, 그렇지 않더라도 꾸준히 업데이트를 하다보면 그 자체로 카페의 역사가 됩니다. 당신의 발자취가 남습니다. 훗날 미소 지을 수 있는 추억이 됩니다.

카페 창업을 결심한 당신. 지금 당장 블로그와 SNS를 개설합시다.

블로그와 마찬가지로 인터넷카페 역시 중요한 소통과 정보, 홍보의 장소입니다. 포털사이트에는 커피를 주제로 인기 있는 인터넷 카페들이 하나씩은 있습니다. 그곳에 가입하여 정보도 얻고, 소통도 하면서 자연스럽게 홍보를 하는 것도 좋은 방법입니다. 저처럼 낯간지럽다고 하기 싫다면 굳이 하지 않아도 됩니다. 그러나 카페를 오래 유지하고 싶으시다면 진지하게 생각해 보시기 바랍니다.

이 외에도 당신이 생각하는 기발하고 재치 있는 방법으로 여러 경로를 통해 또는 이벤트를 통해 당신이 정성들여 만든 카페를 널리 홍보하시길 권합니다. 알음알음으로 손님이 찾아오길 기다리기에는 인고의 시간이 너무 오래 걸립니다.
찾아 올 손님들에게 부끄럽지 않을 만큼 열심히 준비하셨다면 홍보만큼은 과감히 진행하는 것도 좋은 방법입니다.

cafe 13

메뉴 가격 정하기

스x벅x 아메리카노 shot 3,600
엔xx너스 아메리카노 3,900
할x스 아메리카노 4,100

이x야 아메리카노 2,800
백x방 아메리카노 1,500

같은 아메리카노라도 가격 차이가 많이 납니다. 개인 카페도 마찬가지로 가격이 천차만별입니다.
메뉴 가격은 준비 단계에서 정하기는 쉽지 않습니다. 왜냐하면 점포 계약 금액과 월세, 주변 상권을 살펴봐야하기 때문입니다.

기격을 책정할 때 기본적으로 생각해야 하는 부분을 알려드립니다.

커피, 제빵 제과를 만드는 데 필요한 재료비
점포 월세
전기, 수도와 같은 가게 유지비
Take-out일 경우 일회용품 가격

여기에 당신의 노동을 보상할 만한 금액이 더해져서 최종 가격이 결정

됩니다.

메뉴 가격은 판매 전략과도 밀접하게 연결되어 있습니다.
스x벅x와 같은 대형 프랜차이즈 카페들은 고가 정책을 추구하고
요즘 뜨고 있는 백x방 같은 경우는 박리다매입니다.
대부분은 그런 것과 상관없이 주변 시세와 크게 어긋나지 않는 선에서
적당한 수준에서 가격을 책정합니다. 어떤 방식을 선택하던 지 손님이
많이 오면 그게 제일 좋습니다.
그게 아니라면 상황이 달라집니다.
부자 동네 같은 경우 아주 고급스럽게, 아무나 오지 못할 정도로 비싸
게 책정하는 대신 질 좋은 서비스 같은 무기로 메뉴 한 개당 수익을
높게 잡습니다.
반대로 학원가 같은 경우는 저렴함을 무기로 메뉴 한 개당 이익이 적
은 대신 많이 팔 수 있습니다.

높은 가격은 손님이 많이 오지 않을까 걱정이고
낮은 가격은 쉴 틈도 없이 바삐 팔아야 합니다.
적당한 가격에 적당한 손님이 와서 적당히 이익이 나기도 합니다.

자신만의 카페를 창업할 때에는 누구나 이런 꿈을 꿉니다.
인테리어도 좋고 메뉴마다 맛도 좋아서 대기표를 받아들고 줄을 서 가
면서까지 당신 카페를 찾아오는 모습 말입니다. TV에서 소개하는 그
런 곳 말입니다.

만약 당신이 카페를 오픈하겠다고 결정한 곳 주변 다른 카페는 대부분

2,000원에 아메리카노를 팔고 있습니다. 그런데 인테리어에 많은 자금을 투자하고 원가가 비싼 원두를 사용했다고 해서 아메리카노를 3,000원에 팔아야 한다면.

차별화가 먹혀들어 손님이 많다면 정말 좋은 일이지만 어떠한 이유로든 2,000원 아메리카노에 밀릴 경우 다른 카페보다 빠른 속도로 내리막길을 걸을 수 있습니다.

반대로 주변 카페들이 3,000이고 당신 카페가 2,000원 이라면 어떨까요?

어떤 이유로든 싼 커피로 인식된다면 마찬가지로 내리막길을 걷게 됩니다.

잘되기만 하면 이유는 필요 없습니다. 그렇게 잘 안 되기 때문에 열심히 준비하는 것입니다.

다른 각도로 바라봅시다.

당신은 최소 월 200이상의 수익을 목표로 하고 있습니다.

점포 월세는 100이고 유지비는 50이 들어간다고 가정합시다.

그러면 최소 월 350이상 매출을 올려야 합니다.

일주일에 하루 쉰다고 하면 26일을 일합니다.

350/26=13.46

하루 매출이 최소 13만 5천원은 나와야 합니다. 그냥 14라고 합시다.

점포 계약에 앞서 유심히 점포 입지를 살펴보니 하루에 못해도 50잔은 팔 수 있을 것 같습니다. 음료 50잔으로 14만원이 되려면 최소 가격이 2,800은 되어야 합니다.

3,000이면 조금 덜 팔아도 되고 2,000이면 조금 더 팔아야 합니다.

전문가들이 말하는 수확적인 확률과 상권 분석에 따른 예상 매출 같은 건 잘 모릅니다. 수익은 내야하고 거기에 따른 가격을 정해야 할 때 당신은 어떤 전력을 취할지 결정해야 합니다.

아메리카노만 파는 건 아니지 않느냐. 물론 그렇지요. 그냥 그렇다는 겁니다. 조각 케이크가 메인이면 음료와 케이크를 대입해서 생각하면 됩니다.

상권 분석도 말이 분석이지 그냥 예상일뿐 입니다. 예상대로 된다면 망하는 가게가 어디 있겠습니까.

다른 장사도 그렇지만 카페 역시 마찬가지입니다.
오픈을 하고 손님을 받기 전까지는 아무도 모릅니다.

군자에서 카페를 하는 친구가 있습니다.
오래 전입니다.
그 친구가 카페를 열 당시 그 주변에는 카페가 하나도 없었습니다. 누가 보기에도 카페를 할 만한 장소가 아니었습니다.
친구들과 커피를 가르쳐 준 선생님도 그 자리를 급구 말렸습니다.
그래도 그 자리가 마음에 든다며 세탁소 자리에 카페를 열었습니다.
그 친구가 카페를 열고 일 년이 지나자 새로운 카페가 3군데 생겼습니다.
2년째에는 카x베x가 들어왔습니다.
지금은 군자 카페거리로 거듭났습니다.

카페를 비롯한 장사는 오픈을 하고 손님을 받기 전까지는 아무도 모릅니다.

실제로 바리스타 자격증을 따고 저렴한 원두에 남들 다 하는 메뉴만 가지고도 손님들이 줄을 서는 카페가 있습니다. 신이 내린 자리라고 할 수 있습니다.

반대로 그렇게 많은 사람이 오고가는 번화가나 회사 밀집 지역에 오픈을 하고도 일 년을 못 채우고 문을 닫는 경우도 있습니다.

카페를 여는 데는 분명 운도 필요합니다.

당신에게 그 운이 올지 오지 않을지는 아무도 모릅니다.

누구나 그 운이 내게도 오기를 바랍니다.

그러나 모르기에 운과 상관없이 신중하고 철저하게 준비해야 하는 겁니다.

카페는 준비하는 기간만큼 오래 유지할 가능성이 높아집니다.

그러니 점포 계약을 하지 않은 시기지만 메뉴 가격과 판매 전략에 대해 신중히 생각하길 바랍니다.

cafe 14

점포 선정

다른 것도 중요하지 않는 것이 없으나 점포 선정만큼 중요한 것도 없습니다. 가장 큰 자금이 투입되고 오랜 시간 당신과 함께할 공간이기 때문입니다.

어떤 자리에 카페를 열어야 잘 될까?
100% 장사가 잘 되는 자리는 없습니다.
좋은 자리와 나쁜 자리는 한 끗 차이입니다.

겉보기에 좋은 자리가 좋은 자리가 아닙니다.
겉보기에 나쁜 자리가 나쁜 자리가 아닙니다.

좋은 자리란 카페를 열고 손님을 받기 시작했을 때
장사가 잘 되는 자리입니다.
나쁜 자리란 카페를 열고 손님을 받기 시작했을 때
장사가 안 되는 자리입니다.

결국 카페를 오픈하고 손님을 받기 전까지는 좋은 자리와 나쁜 자리는 구분할 수 없습니다.
이것이 구분 가능하다면 망하는 카페란 없을 것이기 때문입니다.
점포를 계약하는 순간부터 모든 책임은 온전히 당신 몫입니다.

그러니 점포 선택을 할 때에는 신중하고 또 신중하게, 마지막까지 신중하게 결정해야 합니다.

어떤 지역에 어떤 점포가 당신과 인연이 닿을지는 아무도 모릅니다. 당신은 당신만의 점포 선정 기준을 가지고 있을 것입니다. 번화가, 회사 밀집지역, 주택가, 학원가 등등.
가장 많이 알려진 방법은 발품을 파는 것입니다. 가급적이면 여러 곳을 돌아다니면서 점포를 살펴보는 것이 좋습니다. 그럴 경우 대부분 부동산 사무실을 찾게 됩니다.

부동산 사무실을 방문할 때 조심해야 할 사항이 있습니다. 정말 조심해야 합니다.
모든 부동산 사무실이 그런 것은 아니지만, 일부 부동산 사업자들은 창업을 준비하는 사람의 마음을 너무 잘 알아 그걸 이용합니다. 부동산에서 보여 준 점포 중에 조금이라도 당신이 관심을 가진다는 낌새가 느껴지면 정교한 기술로 당신을 압박합니다.

'어제도 그 점포를 보고 간 사람이 있는데 아마 2~3일 안에 계약을 할 것 같다. 지금 가계약이라도 걸어 놓지 않으면 기회가 없어진다.'

이런 말을 들으면 무의식적으로 긴장이 됩니다. '다른 사람도 좋게 본 점포라면 괜찮은 곳이지 않을까?' 라는 생각이 들면서 고민하게 됩니다. 그럴수록 부동산에서는 더욱 당신이 조바심을 내도록 다그칩니다.

'이 점포만한 곳이 없어. 지금 하고 있는 점포 사장님도 장사가 잘 돼서 큰 곳으로 옮기려고 내 놓은 거야. 고민하다가 다른 사람이 가져가 면 당신만 손해야. 놓치고 싶지 않으면 <u>가계약</u>이라도 하고 가는 것이 좋을 거야.'

'가계약'이라는 것은 계약 시에 다른 사람보다 우선권을 부여받는 방 법입니다. 일정 금액을 걸어 놓으면 특정 기간까지는 다른 사람이 그 점포와 계약을 할 수 없습니다. 단, <u>계약이 성사되지 않을 경우 돌려 받을 수 없습니다.</u>

여기까지 진행이 된다면 위험한 상황입니다.
만약 부동산 말대로 가계약이라도 걸어 놓게 되면 당신은 덫에 걸릴 수 있습니다. 부동산에서 하는 말은 당신을 유인하기 위한 작전일 가 능성이 농후합니다.
이럴 때는 점포를 생각하지 말고 무조건 사무실을 나와야 합니다.
사무실을 나와서 천천히, 이성적으로 보고 온 점포에 대해 판단하는 시간을 가져야 합니다.

사무실을 나오라고 한 이유는 여기에 있습니다.
당신이 오기 전에 점포를 보고 간 사람이 2~3일 안에 계약을 할 예정 이라면 그쪽에서 먼저 가계약을 걸어 놓을 것이 분명하기 때문입니다.
생각해 보세요, 그렇지 않습니까?

그리고 실제로 장사가 잘 돼서 큰 점포로 옮기는 것도 의심을 해 볼 필요가 있습니다.
다시 그 점포로 돌아가(부동산 사무실은 갈 필요가 없습니다.) 진지하게 물어보면 점포 주인장은 어떤 대답을 할 것 같습니까? 진실이든 거짓이든 부동산과 같은 말을 할 것입니다. 왜냐하면 점포를 내 놓은 사람에게 가장 필요한 것은 점포를 다른 사람에게 파는 것이기 때문입니다. 만약에 장사가 한 돼서 내 놓은 경우 어느 주인장이 점포를 보러 온 사람에게 장사가 안 돼서 내 놓았다고 하겠습니까. 그런 소리를 들으면 어느 누가 그 점포를 계약하겠는가 말입니다.

반면에 진짜로 그런 경우일 수도 있습니다. 이런 경우에도 어느 정도는 확인해 볼 방법이 있습니다. 보고 나온 점포에 가지 말고 주면 상가를 찾아가 그 점포에 대해 물어보는 것입니다. 식당이던, 구멍가게든 주변 상가를 두어 군데 돌아다니면서 물어보도록 합니다.

'제가 장사를 하려고 하는데요. 저기 점포가 부동산에 나와 있던데 어떤가요? 장사 잘 되나요?'

주변 상가 주인장들은 같은 업종이 아닌 이상(주변 카페에 가서 카페를 새로 하려 한다면 누가 좋아하겠습니까.) 평소 본 모습을 말해줄 가능성이 높습니다. 장사가 잘 되는지, 안 되는지. 아니면 점포를 내 놓은 다른 이유라도 들을 수 있을 가능성이 있습니다.

가계약은 그런 정보를 조사한 후에 해도 늦지 않습니다. 만약에, 정말 만약에 부동산 말처럼 실제로 장사가 잘 되는 곳이고 2~3일 후에 계약할 사람이 진짜 있다고 한다면 당신은 좋은 기회를 놓칠 수도 있습니다. 하지만 절대 그런 것이 아닙니다. 당신과 그 점포와는 인연이 없는 것입니다. 절대 미련을 두지 않아야 합니다.

부동산 관계자들은 어떻게든 가계약이라도 받아 놓을 경우, 계약이 성사되면 좋고 성사가 되지 않더라도 가계약 금액을 챙길 수 있기 때문에 손해 볼 것이 없기 때문입니다. 가계약을 그토록 종용하는 이유가 여기에 있습니다.

그러나 열 명 중에 3~4명은 그런 전략에 말려 실제로 계약을 하게 됩니다. 계약을 한 이후에는 아무리 부동산에 그때 왜 그랬냐며 하소연해도 아무 소용이 없습니다. 하소연조차 할 수 없습니다. 왜 그럴까요? 당신 역시 그 부동산에 가게를 내 놓아야 하는 상황이 발생할 수 있기 때문입니다. 당신이 부동산에 점포를 내 놓은 상황이라면 그렇게 해서라도 다른 사람에게 가게를 넘겨야하기 때문입니다. 그래야 권리금이라도 받을 수 있어 금전적 피해가 줄어들기 때문입니다. 부동산에 아쉬운 소리를 할 수 없는 이유가 여기에 있습니다.

그러니 아까운 자리 놓쳤다 생각하지 말고 그 자리는 당신과 맞지 않는다고 생각하길 바랍니다.
이렇게 당하는 건 순식간에 벌어지기 때문에 점포를 알아볼 때에는 가급적이면 혼자 가지 말고 동행자와 함께 가도록 합니다. 동행자 역시 장사를 안 해 본 사람이라면 그리 안전하지 않습니다. 부동산을 하는 분들은 두어 사람 정도는 혼자서도 충분히 마음과 정신을 흔들 수 있는 내공의 소유자들입니다. 냉정하게 상황을 판단할 수 있는, 한 박자 쉬면서 신중하게 생각할 수 있는 동행자나 점포를 계약해 본 경험이 있는 사람과 동행하는 것이 좋습니다.

부동산 말만 듣고 바로 그 자리에서 계약하는 어리석은 행동은 절대 하지 않기 바랍니다.

그럼에도 불구하고 모르는 지역을 알아볼 때는 부동산을 이용해야 하지만 평소에 잘 아는 지역에 카페를 낼 예정이라면 어떻겠습니까. 어떤 이유로든 오며가며 그 지역과 그 점포를 보고 다니기 때문에 부동산에 휘말릴 가능성은 조금이라도 줄어듭니다.(아는 지역이라도 휘말릴 수 있으니 절대 신중하자.) 그래도 마음을 놓으면 안 됩니다. 다른 위험이 도사리고 있기 때문입니다.

바로 절대로 만나면 안 되는 건물주 입니다.

카페를 열기에 제일 좋은 자리는 자기 소유의 점포입니다. 만약 당신이 소유하고 있는 점포가 있다면 상권 같은 건 무시해도 **좋습니다**. 월세를 내지 않는 점포는 절대(는 조금 심했고), 거의 망하지 않습니다. 아무리 안 좋은 자리라고 해도 걱정할 것이 하나도 없습니다. 그러나 이 글을 보는 당신은 십중팔구 없을 것입니다. 당연하게도. 그래서 더욱 <u>건물주에 대한 평판</u>을 조사해야 합니다. 당신은 나약한 세입자이기 때문입니다. '을'중에 최고의 '을' 이기 때문입니다.

신문이나 뉴스에도 자주 나옵니다. 재계약을 안 하겠다는 건물주의 한 마디로 하루아침에 정들었던 가게를 떠나야 하는 세입자들의 모습 말입니다. 이유도 가지가지 입니다. 건물을 리모델링할 예정이다. 자식이 장사를 할 계획이다. 더 높은 보증금과 월세를 내겠다는 사람이 나타났다. 월세를 두 배로 올릴 테니 알아서 해라.

뉴스에 나오는 소식 말고 제 친구들이 직접 격을 일을 소개합니다.

장소는 한남동입니다. 기존에 장사를 하던 곳이 아닌 이 층 일반 가정 집이었습니다. 한남동도 홍대처럼 상권이 커지면서 주변까지 하나 둘 상점이 생기기 시작했습니다. 거기에 발 맞춰 삼청동처럼 가정집을 개조해 점포를 만드는 집이 늘어갔습니다. 한남동에, 새로 만든 점포라 권리금도 없는 매력적인 자리였습니다.
친구는 정성들여 인테리어 공사를 하고 카페를 열었습니다. 카페를 연 지 일 년도 채 안 돼서 주변에 속속들이 새로운 점포가 생기기 시작 했습니다. 카페를 찾는 손님과 단골이 늘어갔습니다. 그러는 어느 날. 건물주는 말도 안 되는 말을 했습니다. 일 년 후에 가게를 빼라는, 권유가 아닌 명령이었습니다. 그 카페 역시 임대차 보호법에 적용되는 크기였습니다. 버티려고 작정하면 5년까지는 충분히 버틸 수 있는 상황이었습니다.
건물주는 압박을 가해왔습니다. 혹시 다른 사람에게 넘길 생각이라면 그만 두는 것이 좋을 거다. 계약 기간이 끝날 때까지 절대 다른 사람과는 계약을 안 할 것이다. 그리고 계약 기간이 끝나 가계를 나갈 때는 점포를 인테리어 공사 전 모습으로 원상복구 시켜 놓고 나가야 한다.(점포 계약 당시 조건을 꼼꼼히 살펴봤어야 했는데 그러지 못했습니다.) 그것으로도 모자라서 매일 카페를 들러 험한 말로 카페 분위기를 흐려 놓았습니다. 늦은 밤에 연락하여 커피를 마시고 싶으니 당장 오라는 등 협박성 전화를 걸기도 했습니다.
결국 이 년 만에 카페를 접어야 했습니다. 지금 그 자리에는 이 층마저 카페로 변모시킨 점포가 운영을 하고 있습니다.

이번엔 당산동입니다. 동네카페였습니다. 3층 상가 건물 일층이었습니다. 제날짜에 월세만 보내주면 건물주의 그림자조차 볼 수 없는 점포였습니다. 마찬가지로 임대차보호법이 적용되는 점포였습니다. 첫 계약을 하고 이 년이 지나 재계약을 할 시기였습니다. 전화를 걸어 온 건물주는 보증금과 월세 각각 30%인상을 요구했습니다. 그 친구는 너무 억울해서 여러 곳을 알아본 결과 법적으로 최대 10%이상 인상을 하면 안 된다는 사실을 알았습니다. 건물주는 그런 것 따위는 모르니 30% 인상을 안 해 줄 거면 가게를 나가라고 했습니다. 친구는 버텼습니다. 그 후로 계약 날짜가 다가올 때 까지 온갖 욕설과 협박을 전화상으로 들어야 했습니다. 당하기만 하는 것에 화가 난 친구는 법적으로 대응하겠다고, 고발하겠다고 대응했습니다. 친구는 10%만 인상된 월세를 보낼 테니 알아서 하라고 맞섰습니다. 계약 날자가 다가왔습니다. 건물주는 아무렇지도 않게 10% 인상된 금액으로 계약서를 작성했습니다.

그리고 다음 계약 시에도 10%를 인상하겠다는 조건을 명시했습니다. 친구는 너무 억울해서 주변 상인 분들에게 건물주에 대해 물어보았습니다. 그 지역에서 악독하기로 소문난 사람이었습니다. 계약을 할 때까지 부동산은 그런 언지를 전혀 해 주지 않았습니다.

상가 1층에는 총 3개의 점포가 있었습니다. 한 곳은 수입 과자를 전문으로 판매하는 곳이었습니다. 어느 날 갑자기 가게가 문을 닫았습니다. 계약기간 5년이 지나 재계약이 아닌(임대차보호법은 최대 기간이 5년이다.) 새로운 계약을 앞두고 있었습니다. 알고 보니 건물주가 월세 두 배를 요구한 것이었습니다. 그 점포 아니어도 들어오고 싶은 사람이 많으니 알아서 하라고 배짱을 부렸다는 것입니다. 결국 과자점은 다른 이에게 점포를 넘기지도 못하고 간판을 내렸습니다.

친구도 5년이 지나면 같은 일을 겪을 생각에 점포에 대한 모든 애정이 사라져 버렸다고 말했습니다. 결국 재계약 후 이 년을 조금 못 마친 시기에서 다른 사람에게 점포를 넘겼습니다. 카페라곤 하나 없는 동네에서 하나 둘 새로운 카페가 생기고 있었습니다.

부동산 가계약만큼 중요하게 살펴야 할 사항이 건물주입니다. 점포를 계약하기 전 반드시 건물주에 대한 평판을 조사해야 합니다. 상가라면 같은 건물에 입주하고 있는 분들을 찾아가 물어보도록 합니다. 그것으로만 끝내지 말고 주변 상가도 방문하여 건물주에 대한 지역 평판을 조사하도록 합니다. 3~4년 하고 그만둘 생각으로 카페를 여는 사람은 아무도 없습니다. 오래도록 그 자리를 지켜나가고 싶은 마음이기 때문입니다.

모든 건물주가 그런 것은 아닙니다. 경제가 어렵다며 오히려 월세를 깎아 주는 건물주도 있습니다. 오랜 시간동안 월세를 올리지 않는 건물주도 있습니다. 기왕이 아니라 당신도 이런 건물주를 만나야 하지 않겠습니까. 그러니 조급해하지 말고, 서두르지 말고 신중하게 알아보아야 합니다.

이것으로 끝이 아닙니다. 살펴보아야 할 사항이 더 있습니다.

카페는 1층이 제일입니다.

당연한 말이라고 생각하겠지만 순간 판단이 흐려지는 경우가 있습니다. 1층은 월세 100에 8평, 2층은 월세 80에 15평입니다. 게다가 도로가 입니다. 2층에 발코니를 내서 경관이 좋은, 야외 테이블을 놓은 카페를 만든다면 손님이 오지 않을까? 한남동에는 이런 곳이 종종 눈에 보입니다. 게다가 월세도 적고, 평수도 넓습니다.

작정하고 찾아오지 않는 이상 소비자와 카페가 첫 대면하는 조건은 카페 외관입니다. 데이트를 하다가 커피 한 잔 휴식을 취할 경우, 지나가다가 인테리어가 맘에 들은 경우에 들어오는 손님도 많습니다. 이층은 이런 부분에서 아주 취약합니다. 게다가 평수가 넓으면 그에 상응하게 인테리어 비용이 높아진다. 월세가 저렴하니까, 라는 위안도 잠시 뿐 카페는 손님이 오기 편한 자리에 있어야 합니다. 지금부터라도 거리를 가다가 살펴보기 바랍니다. 2층에 있는 카페가 몇 개나 되는 지. 저렴한 월세와 넓은 평수에 현혹되지 않길 바랍니다.

되도록 카페에 화장실을 만드는 것이 좋습니다.

테이블이 있는 카페라면 더더욱 화장실을 만들어야 합니다. 커피는 이뇨작용을 촉진시킵니다. 한마디로 물보다 빨리 화장실로 가게 만든다는 소리입니다. 화장실이 외부에 있으면 찾아 가기도 불편하고, 외부 화장실은 대부분 공용이기 때문에 큰 건물처럼 전문으로 관리하지 않는 이상 위생 상태가 좋지 않습니다. 아기자기한 카페에서 조각 케이크를 먹다가 냄새나는 화장실을 가야 한다고 생각해 보시기 바랍니다. 다음번에 다시 카페를 찾을 때 약간 고민하게 됩니다.

화장실이 있는 점포라면 깨끗하게, 화장실이 없는 점포라면 화장실을 만들 수 있는 지 확인하고(점포 구조 또는 위치상 점포 공사만으로 수도 외에 정화조와 연결이 안 되는 경우도 있으니 꼭 살펴야 합니다.) 비용이 조금 들더라도 멋진 화장실을 만드는 것이 좋습니다.

손님의 편의 외에 카페 주인장에게도 화장실은 필수입니다. 두 사람이 함께 일한다면 상관없지만 혼자서 운영을 하는 경우에는 외부 화장실은 카페를 비워야 하는 상황이 발생합니다. 잠깐 비운다고 도둑이 들거나 하진 않겠지만 그곳에 가 있는 동안 마음이 정말 불편합니다. 행여 손님이 왔다가 그냥 가면 어쩌나, (그럴 리는 거의 없겠지만) 카페 물품을 들고 가면 어쩌나.

당신과 손님을 위해 화장실을 만들기 바랍니다.

여러 조건에 견주어 볼 때 적합하다고 생각되는 점포가 나타났습니다. 그럼 계약해야 할까요? 아닙니다. 아직 고려해야 할 사항이 남아 있습니다. 1층에 착한 건물주라고 해도 그 지역으로 사람들이 다니지 않으면 아무런 소용이 없습니다. 정말 좋은 커피도 사람이 마셔 주어야 그 진가가 발휘되는 것입니다.

아침(12시 전), 낮(12~6시), 저녁(6시 이후)에 점포가 있는 자리를 지나다니는 사람들을 살펴보시기 바랍니다. 얼마나 많은 사람이 다니는지, 회사원들이 가득한 큰 건물이 있는지, 주로 다니는 사람들의 연령대는 어떠한지. 하루에 1,000명이 당신 마음에 드는 점포를 지나간다고 가정할 때 몇 명이나 카페에 들를 것이라고 생각되는지. 못해도 100명은 되지 않을까, 라고 생각한다면 큰 오산입니다. 어차피 잘 되면 좋은 것이니까 최악의 상황을 고려해서 예상해 보도록 합니다. 1,000명이 지나다닌다면 10~20명입니다. 조금 더 인심을 쓴다면 50명입니다.

그 지역에 카페가 하나만 존재하는 것도 아니고, 모든 사람이 카페에서 커피를 마시는 것도 아닙니다. 카페가 아닌 주변 상가에 가 보면 어느 곳이나 일회용 커피가 없는 곳이 없습니다. 카페를 애용하는 소비층은 20~40대 입니다. 1,000명 중에 어르신이 500명이라면 아무리 조건이 좋은 자리라도 단호히 포기해야 합니다. 손님이 찾아오지 않는 카페는 단순히 돈을 많이 들인 공간일 뿐입니다.

번화가, 회사 밀집지역, 대학가, 주택가, 번화가 외곽.
번화가는 사람이 정말 많지만 그만큼 비쌉니다. 경쟁이 치열합니다.
회사 밀집지역은 안정적입니다. 손님 층도 다양합니다. 오히려 번화가보다 안정적인 수익을 낼 수 있습니다. 그렇기에 자리가 잘 나지 않습니다. 역시 비쌉니다.
대학가는 분위기가 좋습니다. 젊은 학생들과 커피 좀 마신다는 교수들이 있어 소통하기에 좋습니다. 그러나 방학이 있습니다. 대학의 방학은 깁니다. 그 기간에는 놀라울 정도로 사람이 없습니다.
주택가는 한적합니다. 상대적으로 비용이 적게 듭니다. 손님 수가 적고 한정적입니다. 까다로운 주부들을 상대해야 합니다. 커피 값도 깎아 달라 합니다. 주부 네 명에서 두 잔을 주문합니다. 컵은 네 개 달라고 합니다. 하지만 여유롭습니다. 카페는 고급스러운 이미지가 있습니다. 커피라는 알 수 없는 것에 대한 전문적인 느낌도 있습니다. 따라서 차이를 두는 건 안타깝지만 경제적으로 풍족한 동네가 좋습니다.
번화가 외곽은 지나다니는 사람이 얼마나 많은지, 상수동이나 연남동처럼 변화할지 아닐지를 고민해야 합니다.

공용 수도

전기는 점포마다 개별적인 계량기가 대부분 달려 있는 것이 반해 오래된 상가일 경우 수도를 공용으로 사용하는 곳이 많습니다. 두 달에 한번 수도세를 낼 때가 되면 공평하게 1/n으로 나누는 곳도 있지만 물을 많이 쓰네, 적게 쓰네, 같이 다툼이 발생하는 경우도 많이 생깁니다. 카페는 음료를 파는 곳이라서 실제로는 안 그런데도 물을 많이 쓴다는 선입견이 있습니다. 제일 좋은 것은 인테리어 공사 할 때 단독으로 계량기를 달면 좋겠지만 적지 않은 금액이 소요됩니다.(꽤 비싸다.) 그렇지 않을 경우 인테리어 공사 때 수도에 연결하는 간편 계량기라도 달아 분쟁을 줄이는 것도 한 방법입니다. 당신이 결정할 점포의 수도세 배분을 잘 살펴보기 바랍니다.

간혹 이런 경우가 있습니다. 카페를 운영하기 위해서는 점포 자리가 근린생활시설로 설정되어 있어야 합니다. 그런데 건물주가 잘 모르셔서 일반 주택 부지를 상가 자리로 내 놓는 경우가 있습니다. 주택에 딸린 상가나 주택을 개조한 상가일 경우에 해당됩니다. 실제로 그것도 모르고 계약한 경우를 봤습니다. 이렇게 되면 문제가 복잡해집니다. 당연히 건물주가 알아서 해 주어야 하는 상황임에도 불구하고 해 주지 않으면 소송까지 가게 될 수 있습니다. 그러니 계약에 앞서 관련 서류를 꼼꼼히 살펴보아야 합니다.

최소한
위에서 알려준 조건들과 당신이 준비한 창업 자금을 잘 고려하여 당신과 오랜 인연을 맺을 수 있는 점포를 찾길 바랍니다.

cafe 15

중간점검

조금씩, 조금씩 머릿속에 아련하게만 존재하던 당신만의 카페가 구체적인 모습으로 변하고 있습니다.

이쯤에서 중간 점검을 해 보도록 합니다. 점포 계약을 하면서는 기존 준비 외에 새로운 문제들이 발생할 수 있습니다. 그러므로 기존 준비를 잘 해 두지 않으면 예상했던 것과 다른 모습의 카페가 나타날 수 있으니 점검해 보도록 합니다. 당신이 준비한 사항과 비교하여 체크해 보고 빠진 것이 있으면 추가하는 것에서 끝내지 말고 더 준비해야할 것이 있는지 고민해야합니다.

카페 컨셉. 개성 있는 카페.
당신은 어떤 카페를 만들고 싶습니까.
커피가 전문인 로스터리 카페. 디저트 전문 카페. 생과일주스 전문 카페, 따스한 느낌의 카페. 다육이 전문 카페. 애견 카페. 고양이 카페.

인테리어
따스한 목재느낌. 모던한 도시적인 느낌. 가정집 같은 느낌. 다락방 같은 느낌. 등등.

간판

메인으로 하나. 메인과 보조 간판. 간판 조명. 디자인.

카페 이름

인테리어에 맞는 테이블과 의자

에스프레소 머신. 그라인더. 냉장/냉동고. 제빙기. 쇼케이스. 에어컨/
온풍기. 온수기. 블렌더.
빙수제조기. 각종 기계 장비.

인테리어에 어울리는 조명

각종 컵. 머그컵. 찻잔. 받침, 스푼. 뜨거운 음료용. 차가운 음료용. 맞
춤 제작이라면 디자인.

Take-out 용품. 디자인. 크기. 공급 업체. HOT&ICE.

쿠폰/명함/냅킨/쿠폰도장 디자인.
요즈음은 쿠폰 겸 명함을 같이 사용합니다. 쿠폰 도장은 10개로 할
것인가. 12개로 할 것인가. 쿠폰 유효기간이 있는가. 도장을 다 모으
면 모든 음료를 무료로 줄 것인가. 특정 음료를 줄 것인가. 냅킨 하나
에도 센스를 발휘할 수 있습니다.

커피 선택. 공급 업체.

디저트를 직접 만들지 않고 전문 회사에서 받아 올 경우 공급 업체. 종류. 케이크/쿠키 등.

메뉴 선정. 계량화.

메뉴 가격 설정.

카페를 꾸밀 소품.

제빵/제과를 직접 할 경우 오븐 업체 선정. 재료 구입처 선정.

로스팅을 할 경우 로스터기 선정. 생두 공급 업체 선정.

혼자 할 것인가. 직원을 둘 것인가. 직원을 둔다면 남자인가 여자인가.

영업시간. OPEN - CLOSE. 주말 영업 유무. 정기 휴일 유무.

메뉴판. 책으로 만들 것인가. 벽에 설치할 것인가. 칠판으로 만들 것인가.

홍보는 어떤 식으로 할 것인가.

서빙을 할 것인가. 셀프 주문인가. 계산은 선불인가 후불인가.

개업 당시 이벤트를 할 것인가. 2~3일간 모든 메뉴 1,000원 할인 같은 이벤트.

테이블이 있는 경우 Take-out 손님은 할인을 해 줄 것인가. 해 준다면 얼마를 할 것인가.

로스터리 카페인 경우 원두 판매를 매장에서만 할 것인가. 온라인도 할 것인가.(이 경우 매장과는 별도로 사업자 신청을 해야 한다. 문이 별도로 달린 로스팅 전용 공간이 필요하다.)

일반음식점으로 등록할 것인가. 간이휴게점으로 등록할 것인가. 뒤에 따로 다루겠습니다.
차이점은 식사가 될 만한 음식을 파느냐 안 파느냐 입니다. 기준은 샌드위치만 팔아도 일반음식점입니다. 술을 판다면 반드시 일반음식점으로 해야 합니다. 그런 것을 팔지 않더라도 일반음식점으로 등록 하는 것이 매장 운영에 유리합니다. 후에 그런 메뉴가 충분히 추가될 수 있기 때문입니다.

일반 과세자로 할 것인가. 간이 과세자로 할 것인가. 뒤에 따로 다루겠습니다.

창업 이후 여유 자금은 어느 정도 준비할 것인가. 넉넉할수록 좋습니다.

Take-out은 매장 안에서 할 것인가. 따로 마련할 것인가.

카페 출입구 외부(카페 안쪽이 아닌 도로와 접하는 바깥쪽)는 어떻게 꾸밀 것인가.
이젤 같은 것에 메뉴를 적어 놓을 수도 있고, 배너를 놓을 수도 있고, 쉬어가시라고 의자를 둘 수도 있고, 간이 테이블을 놓을 수도 있고, 화분을 놓을 수도 있습니다.

매장 내 음악 종류는 무엇인가.
인터넷에 연결시켜 최신 가요를 틀 수 있고, 좋아하는 장르를 mp3에 연결해 내 보낼 수도 있습니다. 볼륨은 어느 정도가 적당한지. 스피커의 위치.

테이블 당 제한 시간을 둘 것인가.
작은 카페일수록 커피 한 잔에 3~4시간 손님이 있으면 의외로 피곤합니다.

주문은 1인 1잔인가.

리필을 원할 경우 해 줄 것인가. 해 준다면 유료인가 무료인가.

에스프레소 샷 추가 시에 돈을 받을 것인가. 받는다면 가격은.

기물 파손(컵을 깨뜨린다던가, 소품을 망가뜨리는 경우) 어떻게 대처할 것인가.

매장을 뛰어 다니는 어린 아이들은 어떻게 대할 것인가.

노키즈 존에 대한 문제가 대두되고 있습니다.

애완동물을 동행하는 손님. OK or NO.

매장에서 파는 메뉴 외에 외부 음식을 허락할 것인가.
허락 한다면 어느 선까지 인정할 것인가.

빨대나 설탕 같은 경우 매장에 비치해 손님들이 자유롭게 가져가게 할
것인가, 요청이 있으면 줄 것인가.

재고 관리는 어떻게 할 것인가.
커피 원두는 맛이 크게 변하지 않는 이상 한 달은 사용 가능합니다.
그래도 매일 점검해야 합니다.

우유와 마찬가지로 각종 분말, 시럽(바닐라 라떼나 캬라멜 마끼아도
같은 음료)도 테스트를 통해 당신이 선택한 커피와 궁합이 맞는 제품
을 찾았는가.

화장실을 만들 수 있는 점포인가.

간단한 음식을 만든다면 도시가스가 들어오는 점포인가.

인테리어 외에 추가로 공사 할 곳이 있는가. 의외로 비가 새는 점포가
있습니다.

어닝을 설치할 것인가. 가급적이면 설치를 권합니다.

컵은 도자기 컵과 일회용 컵을 같이 둘 것인가. 일회용 컵만 사용할 것인가.

점포 주변 환경은 어떠한가. 점포 근처에 베이커리가 있으면 빵 향이 나고, 생선가게가 있으면 생선 향이 난다.

계약하려는 점포가 위치한 지역의 경제적 수준은 어느 정도인가. 잘 사는 동네일수록 커피 수요가 높습니다.

인터넷 카페에 가입하는 것이 좋습니다. 커피, 디저트 등 인터넷에는 유명한 카페들이 있다. 그곳에 가입하여 홍보도 하고 정보도 얻도록 합니다.

손님을 맞이할 당신의 마음가짐은 어떠한가. 서비스 정신.

cafe 16

중간 점검 보충

이번에는 중간 점검에서 새로 나타난, 앞부분에서 다루었지만 추가해야 할 사항이 있는 것에 대해 알아보도록 합니다.

인테리어

다른 것도 마찬가지지만 인테리어 역시 구체적인 구상을 해 두어야 합니다. 디자인까지 인테리어 업체에 맡기면 돈이 꽤 많이 듭니다. 가장 좋은 방법은 말보다 사진이나 그림을 보여주면 좋습니다. 업자들은 인테리어가 전문이기 때문에 사진만 보면 어떤 전체적인 그림을 빨리 그립니다. 그러니 ~같은 느낌의, ~같이 포근한. 이런 표현 말고 사진을 보여주며 이것보다 화사하게 또는 심플하게 하고 싶다고 준비하는 것이 좋습니다.

테이블, 의자, 조명, 에어컨 같은 경우 인테리어 업자에게 부탁하면 중간 마진을 남기기 때문에 돈이 비싸집니다. 저도 처음에는 인테리어 쪽에서 전부 구매해 주는 것인 줄 알았습니다. 다행스럽게도 좋은 분을 만나 이런 이야기를 들었습니다. 구해주는 것은 어렵지 않지만 당신이 생각하는 금액보다 비싸진다.(마진을 붙이니까) 설치는 원하는 대로 해 줄 테니 각종 물품은 직접 구매하는 것이 가격적으로 유리하다. 그 말을 듣고 저도 테이블, 의자, 조명, 에어컨 등을 직접 구매해서 공사 중에 배달시켰습니다. 그러니 당신도 원하는 스타일의 제품을 정해두어야 합니다.

간판

멋진 간판일수록 비용이 많이 듭니다. 크게 하나만 할 수도 있고, 메인 하나와 카페 정문 옆 벽면에 돌출형 간판을 같이 달기도 합니다. 마찬가지로 디자인까지 간판회사나 디자이너에게 맡길 경우 비싸집니다. 그러니 간판 디자인, 로고 디자인 카페 이름 다자인 등 모든 것 준비하고 제작만 맡기는 것이 좋습니다.

카페이름

단순한 이름, 궁금증을 유발하는 이름, 멋진 문구. 한글 이름, 외국 이름. 카페를 사랑하는 당신의 마음이 가득 담긴 이름을 생각하는 것이 좋습니다. 제 카페는 난해한 이름이었는데 이름에 담긴 뜻을 물어보는 손님이 많았습니다. 단순한 생각으로 지은 거라서 말해주기가 부끄러웠습니다. 끝끝내 궁금해 하시라고 그 뜻을 말해주지 않았습니다. 카페 이름은 그 카페의 상징입니다. 이름을 정하면 그에 맞는 글자 디자인도 생각해야 합니다. 카페 이름이 내포한 뜻을 가장 효과적으로 표현할 수 있는 글자 폰트나 켈리그라피 같이 어울리는 글씨체를 찾는 것도 좋습니다.

쿠폰/명함/냅킨/쿠폰도장

아기자기하거나 디자인이 세련된 명함 겸 쿠폰은 손님의 수집 욕을 자극합니다. 저도 직접 디자인을 한 쿠폰을 사용했는데 사용하지도 않으면서도 가져가는 분이 많았습니다.
많은 카페에서 쿠폰 도장을 전부 모으면 무료로 음료를 줍니다. 저는 도장 수가 10개였습니다. 단골손님들은 아주 빠른 속도로 도장을 모읍니다. 또 여럿이 오는 회사원의 경우 한 사람에게 도장을 몰아주어도 금방 완성됩니다. 처음에 육 개월 간은 모든 음료(아무리 비싼 음료라도) 무료로 주었습니다. HOT&ICE 상관없이 주었습니다. 육 개월 후부터는 아메리카노에 한해서 주었습니다. HOT나 ICE 둘 다 무료로 주었습니다. 마음이야 모든 음료를 주고 싶지만 하루에 10잔 이산 무료 음료를 주다보면 힘이 조금 빠지기도 했습니다.

개인 카페이다 보니 쿠폰 사용 기간도 없어 최대 3년이 지난(매 년 디자인을 달리 했습니다.) 쿠폰을 받은 적도 있었습니다. 또 카페에 쿠폰 보관 판을 설치하였습니다.

중간에 도장 수를 변경하면 상술이라며 외면을 받을 수 있으니 처음부터 치밀하게 계산된 도장 수를 만드는 것이 좋습니다. 카페 보관 판은 안 만들어도 됩니다. 많은 분이 가지고 다니다가 잃어버립니다.(약간 치사하지만 카페에는 도움이 됩니다.) 그래도 쿠폰은 꼭 준비하기 바랍니다. 쿠폰 도장을 채우는 재미로 카페에 오는 손님이 상당합니다. 냅킨도 마찬가지입니다. 손님 입에서 '냅킨이 참 예쁘다.'라고 하며 이야기하는 소리를 듣는 것도 기분 좋고 그런 손님들은 다시 올 확률이 높습니다. 다만 냅킨 소비가 늘어납니다. 그래도 많이 비싸지 않으니 냅킨 하나에도 당신의 센스를 발휘하도록 합니다.

서빙/계산

아무리 작은 카페라도 서빙을 하게 되면 최소 두 명이 필요합니다. 평상시에는 한 명으로 충분할지 몰라도 손님이 몰리는 시간대는 메뉴 만드는 것만으로도 오시는 손님을 대하기 벅찹니다. 카페 운영 면으로나 시간 면으로나 셀프가 편합니다.

계산 역시 선불이 유리합니다. 손님이 밀리는 시간대일 경우 후불이면 기다리다 지쳐 그냥 가는 경우가 생깁니다. 혼잡한 틈을 타 그냥 계산도 않고 가시는 분도 있습니다. 그러니 맘 편히 주문과 동시에 계산을 하는 것이 유리합니다. 그럴 경우 다시 돌려달라는 경우는 보지 못했습니다.

Take-out 할인

개인 카페는 할인을 해 주는 곳이 많은 반면에 프랜차이즈는 안 해 줍니다. 할인이라는 이름만으로도 손님을 끌기에 충분히 매력적입니다. 그러나 주의해야 할 사항이 있습니다. 저 역시도 할인을 해 주었습니다. 그런데 Take-out 가격으로 커피를 사시고는 테이블에 계시는 겁니다. 처음에는 그때마다 차이를 설명해 주었습니다. 그런데도 그런 손님들이 꾸준히 생겼습니다.(주로 주부님들 사이에서 많이 나타납니다. 잠시만 있다가 갈게요. 친구가 오기로 했는데 오면 갈게요. 등등) 설명을 하면 할수록 말하는 저도 속 좁아 보이고 듣는 분도 기분이 좋지 않습니다. 그래서 일 년 만에 가격 차이를 두지 않았습니다. 이건 어떤 손님 층이 카페에 오느냐에 따라 달라질 수 있습니다. 잘 준비하길 바랍니다.

1인 1잔 / 외부 음식 반입

주로 여럿이 오는 경우에 발생합니다. 이 부분은 중간에 변화가 있으면 손님들이 매우 서운해 합니다. 이때까지는 안 그랬는데, 하면서요. 그러니 처음 카페를 운영할 때부터 확실히 정해놓아야 합니다. 그나마 젊은 분들은 이해를 해 주지만 주부나 나이가 좀 있으신 분들은(특히 4~5명이 계모임 식사 후 차를 마시러 오는 경우) 난처해합니다. 방금

밥을 먹고 와서 배가 부르니 몇 잔만 주문할게요. 저 친구가 커피는 전혀 못 마셔서 그래요. 한 잔이 너무 많아서 그래요. 이유도 제각각입니다. 그것까지는 좋다고 칩시다. 그러면서 컵은 개인 수대로 달라고 합니다. 나눠 드시는 겁니다. 손님 중에 서운해 하는 분이 있더라도 처음에 확실히 해 놓지 않으면 시간이 갈수록 당신이 힘들어 집니다.

외부 음식도 마찬가지입니다. 초창기에 있었던 일입니다. 커피를 주문하시고는 간단한 식사를 해도 되느냐고 묻는 손님이 있었습니다. 빵이나 샌드위치 같은 거겠지, 하고 생각했습니다. 그런데 설렁탕을 사 와서 드시는 겁니다. 문제는 설렁탕이 아니라 그 냄새였습니다. 그 후로 외부 음식은 (디저트는 하나도 팔지 않았었습니다.) 빵이나 김밥 같은 종류에 한해서만 허용했습니다. 디저트를 같이 파는 경우에는 이 부분도 고려해야 합니다.

애완동물/어린이

제 카페에 애완동물을 데리고 오시는 분들은 전부 동물은 따로 밖에 묶어 놓고 들어오셨습니다. 이 부분은 대부분의 애완동물을 사랑하시는 분들이 잘 지켜주시는 것 같습니다.

어린 아이는 애매합니다. 요즘 노키즈존에 대한 뉴스도 나왔듯이 옳다, 그르다, 라고 말하기 어렵습니다. 제 카페도 소품의 1/3이 망가졌습니다. 아이들에 대해 관대한 편이어서 맘껏 뛰어다니게 했더니 이런 일이 벌어지더군요. 물론 배상은 받지 않았습니다.

아이를 조용히 시키는 부모도 있고, 이야기에만 정신이 팔려 아이가 무엇을 하는 지 내버려 두는 부모도 있습니다. 문제는 다른 손님에게 피해가 가냐, 안 가냐 이겠습니다. 그럴 때마다 조용히 다가가 아이가 테이블에 앉아 있도록 부탁드립니다. 그렇게 해 주는 분도 있고 잠시 동안은 그렇게 두다가 다시 아이가 뛰어다녀도 이야기만 하는 분도 있습니다. 어떤 기준을 마련할지 고민해 볼 필요가 있습니다.

cafe 17

일반음식점 VS 휴게음식점

가장 큰 기준은 밥과 술입니다.

일반 음식점은 밥과 술을 팔 수 있습니다.

휴게음식점은 음료와 간식만 팔 수 있습니다.

'밥'의 기준은 한 끼 식사가 되는 정도입니다.

구청에서 말하길 쿠키는 간식이고 샌드위치는 밥이라고 합니다.

대부분의 디저트는 밥이라 생각하시고 일반음식점으로 등록하는 것이 유리합니다.

처음에는 밥이 될 만한 디저트가 없다고 하더라도 일반음식점으로 하길 권합니다.

나중에 메뉴가 늘어나는 상황이 생기기 때문입니다.

그런데 사실대로 말하면 안 받아줍니다. 다행스럽게도 실제 검사는 하지 않습니다. 그러니 나중을 위해서라도(휴게음식점으로 했다가 일반음식점으로 변경 하려면 많이 귀찮습니다.) 일반음식점으로 하시길 바랍니다.

일반과세자 VS 간이과세자

이 둘의 기준은 일 년간의 매출입니다. 년 매출이 4,800 이상이면 일반과세자, 미만이면 간이과세자입니다. 카페를 신고할 당시에는 년 매출이 얼마가 나올지 모르는 상태에서 신고해야 합니다.

각각 장단점이 있습니다.

간이과세자는 부가가치세에 대한 세금을 돌려받지 못하지만 부가가치세 비율이 일반 과세자에 비해 상대적으로 적습니다.

일반과세자는 부가가치세에 대한 비율이 높지만 매출에 따른 세금을 돌려받을 수 있습니다.

간이과세자로 등록을 했더라도 매출이 4,800을 넘어가면 자동적으로 일반과세자로 변경됩니다.

간편하게 생각하면, 간이과세자로 처음 등록을 하고 장사가 잘 되면 신경 쓰지 않아도 일반과세자가 되니 뭐가 문제냐, 하는 겁니다. 맞습니다. 일반적으로는 그렇습니다.

그런데 한 가지 고려해야 할 사항이 있습니다.

카페는 창업과 동시에 초기 비용이 많이 들어가는 업종입니다. 초기 비용이 전부라고 해도 과언이 아닙니다. 보증금에 커피 머신에 각종 기계장비에 식재료를 전부 구매한 상태에서 시작하는 겁니다.

최소 몇 천 만원이 들어가는 개업 시에,

간이과세자는 그 비용에 따른 세금을 돌려받을 수 없습니다. 대신 부가가치세 비율이 낮습니다.

일반과세자는 세금을 일정정도 돌려받을 수 있습니다. 대신 부가가치세 비율이 높습니다.

한 마디로 최초 투자비용에 대한 세금과 운영을 하는 과정의 세금 문제입니다.

이것은 답이 없는 선택의 문제입니다. 아무리 관련한 많은 글을 읽어도 결론은 둘 중에 하나입니다. 일반적으로 창업비용이 많이 들어간다 싶으면 일반을, 조금 들어간다 싶으면 간이를 하곤 합니다. 인터넷에는 이 둘에 비교 분석을 해 놓은 글들이 많이 있으니 충분히 살펴보시고 정하시면 됩니다.

위생교육증

음식을 파는 모든 곳은 개업 전에 위생교육을 받아야 합니다.
일반음식점은 ㈜한국외식업중앙회
휴게음식점은 ㈜한국휴게음식업중앙회
에서 일정 수업료를 내고 6시간 정도 교육을 받으면 증서를 발급해
줍니다.

보건증

지역 관할 보건소에서 검사받아야 합니다.
매장에서 일을 하는 모든 분들은 이 검사를 받아야 합니다.
일정부분 검사료가 소요됩니다.

영업허가증

보건증과 위생교육증을 가지고 구청에 가시면 됩니다.
영업허가증은 점포를 계약한 이후에 가능합니다. 점포 계약서를 비롯
한 서류들이 필요하기 때문입니다.

사업자등록증

보건증, 위생교육증, 영업허가증을 가지고 관할 세무서에 가서 사업자

등록증을 신청합니다. 카페를 오픈하기 전에 위의 4가지 서류를 전부 준비해야 합니다.

교육, 검사, 서류 발급은 하나도 어려운 것이 없습니다. 인터넷에도 자세히 설명되어 있습니다.

창업에 임박하여 시간에 쫓기지 마시고 미리미리 해 두시길 바랍니다.

상가임대차보호법

법률적인 부분이 골치 아픈 사항입니다. 간단하게 알려 드리면 건물주가 부당하게 점포를 빼앗지 못하도록 당신을 보호하는 법입니다. 모든 점포에 적용되는 것은 아닙니다. 다음과 같은 공식이 있습니다.

보증금 + {(임대로+부가세) * 100}

이것으로 계산을 할 수 있습니다.

각 지역마다 보호해 주는 금액이 틀립니다. 서울은 4억, 수도권 3억, 광역시 2억 4천, 그 외 지역은 1억 8천만 원 이하가 되어야 보호받습니다.

창업비용에 관한 이전 글에서 제시한 점포를 상대로 예를 들어 보겠습니다.

지역은 서울입니다. 보증금 2,000에 월세 100 이었습니다.

2000[보증금] + {(100[월세] + 10[월세 부가가치세 10%]) * 100}

하면 총 1억 3천이 나옵니다. 보호법 범위에 해당됩니다.

이 조건을 가지고 설명하겠습니다.

상가임대차보호법에 적용되는 점포는 건물주가 아무리 나가라고 해도 최대 5년은 영업을 할 수 있습니다. 물론 1,2년 마다 기존 월세의 9%

안에서 월세를 올릴 수는 있습니다. 그렇다 하더라도 계약을 정지시킬 수는 없습니다. 죽이 되던 밥이 되던 5년은 운영을 할 수 있습니다.

적용범위를 넘어서는 경우는 최초 계약(대부분 2년)까지입니다.

그러니 혹시나 악한 마음의 건물주를 만나더라도 보호법이 적용되는 기간 동안 해결 방법을 찾아야 합니다.

cafe 18

점포 계약

이제 모든 준비가 끝났습니다. 완벽한 준비는 존재하지 않으니 최대한 빠짐없이 준비 사항을 살펴보시기 바랍니다. 카페 창업 관련한 책도 두어 권 구입하여 당신이 준비한 사항과 내용을 비교하여 빠뜨리거나 부족한 부분이 있으면 보충하도록 합니다.

점포 선정만큼 중요한 사항이 점포 계약입니다. 서류에 사인을 하는 순간 되돌릴 수 없기 때문에 신중히 알아보고 계약해야 합니다.

점포 계약은 여러 가지 법률적인 사항을 살펴봐야 합니다. 한 순간에 몇 천 만원이 거래됩니다. 지나치다 싶은 정도로 꼼꼼히 확인해야 합니다.

이 글 뿐만 아니라 책과 인터넷을 비롯한 여러 곳에서 자료를 수집하여 부당한 계약을 하지 않아야 합니다.

제일 간단하게는 부동산에 위임하는 것입니다. 사기를 목적으로 하지 않는 이상 부동산에서는 상가 계약에 필요한 서류와 주의해서 살펴볼 사항들을 미리 점검하고 확인시켜 줍니다. 저 역시도 나름대로 꼼꼼히 준비하고 부동산을 통해 계약했습니다. 제가 준비한 내용과 부동산에서 확인시켜 준 내용에는 거의 차이가 없었습니다. 왜냐하면 혹시나 법에 어긋나는 경우 부동산 역시 책임을 피할 수 없기 때문입니다. 그래서 서류에 건물주, 부동산, 계약자 사인이 동시에 들어가게 됩니다. 이것이 가장 많고 일반적인 계약 방식입니다.

대부분의 점포는 다른 누군가가 그 곳에서 장사를 하고 있을 것입니다. 그렇기에 운영 중인 점포 사업주와 당신과의 계약, 건물주와 당신 간의 계약. 두 번을 하게 될 것입니다.

신축 상가나 비어 있는 상가라면 건물주와 바로 계약하면 됩니다.

그럼 먼저 운영 중인 점포 사업주와의 계약입니다.

모든 계약은 당사자 본인과 체결해야합니다. 아무리 완벽한 서류를 준비했어도 대리인과는 가급적 계약하지 말고 신분증이나 건물주와의 계약 서류, 인감증명서 같은 서류와 대조하며 꼭 본인 확인을 하고 계약합니다.

당신이 인수받고자 하는 점포가 카페일 경우 기존에 사용 중인 기기며 테이블과 같은 가구 및 기구들은 일정 금액을 주고 인수 받을 수도 있고 새로 구입할 수도 있습니다. 인수 받는다면 중고품이기 때문에 저렴한 가격에 받을 수 있습니다. 그렇지 않고 카페와 상관없는 점포일 경우 카페 운영에 필요한 물품이 있는 경우 협상을 통해 저렴한 금액에 살 수 있습니다.

점포 운영자와의 계약에서 가장 중요한 것은 권리금입니다. 아시다시피 권리금은 서류상으로 존재하지 않습니다. 법적으로도 보호받을 수 없습니다. 그 지역의 상권과 이전 점포 운영자가 (인테리어 같이)그 점포에 들인 여러 비용을 보상받기 위해 부르는 값입니다. 흔한 말로 자릿세라고 합니다. 권리금은 정해진 것이 없기에 오직 협상으로만 금액이 결정됩니다.

부동산에 점포를 알아보면 보증금과 권리금을 함께 알려줍니다. 권리금을 제값대로 전부 주는 것인 바보 같은 행동입니다. 여기서 기존 점포주와 당신과의 밀고 당기기가 시작됩니다. 권리금 역시 그 지역이나 점포의 위치에 따라 어느 정도는 시세가 정해져 있습니다. 기존 점포주가 자금 면이나 기존 점포 운영 면에서 여유가 있는 곳은 협상이 쉽지 않습니다. 누구라도 더 많은 권리금을 받으려 할 테니까요. 반면에 계약 만료 시기가 다가오거나 금전적으로 급한 운영자는 권리금을 조금 내리더라도 당신과 계약하려 할 겁니다. 또는 아무리 급한 상황이라도 처음에 제시한 권리금 모두를 받으려는 운영자도 있습니다. 당신과 인연이 닿은 점포를 운영하는 분이 어떤 상황인지는 아무도 모릅니다. 권리금은 내고 들어온 만큼 돌려받으려는 것이 사람의 심리입니다. 그러기에 주변 권리금 시세도 미리 조사해 보고 현명한 협상으로 보다 적은 권리금으로(없는 것이 제일 좋지만) 계약하는 것이 좋습니다.

이때에도 계약을 빨리 성사시키기 위해 부동산에서 중간에 참견할 것입니다. 대부분 기존 운영자와 당신 사이에서 적절한 금액을 제시합니다. 부동산에 좀 더 낮은 권리금을 낼 수 있도록 도움을 요청하고(어떤 분들은 일정 금액을 찔러주면 권리금을 낮추는 데 도움을 주기도 합니다.) 기존 운영자와도 협상을 통해 적당한 선에서 권리금을 합의하도록 합시다.

또한 기존 운영자가 그때까지 이용한 미납 공공요금(전기, 수도 및 큰 건물일 경우 관리비용)에 대한 정산도 기존 운영자에게서 받거나 아니면 그 금액을 계산한 영수증을 확인하는 것이 필요합니다.

그런 경우는 거의 없지만 점포를 대상으로 대출을 받았을지도 모르니(대부분 부동산에서 확인해 줍니다만) 잘 살펴봅니다.

기존 운영자와는 권리금이 합의되면 더 이상 다툴 문제가 없습니다. 기존에 있던 물품들은 중고로 팔아 보았자 좋은 값을 못 받습니다. 필요하다 싶은 물품이 그 점포에 있으면 잘 말해서 무료거나 적은 금액으로 얻는 것도 좋은 방법입니다.

2015년 들어 권리금에 대해서도 일정부분 보호를 받는 법이 생겼습니다. 이것은 기존 운영자가 아닌 건물주와(부당하게 나가라고 할 경우) 상대해야 하는 문제입니다. 그러니 가급적이면 권리금은 적게 주는 것이 좋습니다.

이제 본격적인 건물주와의 계약입니다.

일단 여러 서류를 통해 점포와 점포가 포함된 건물에 대해 살펴봐야 합니다.

확인해야 할 서류로는

건축물대장

등기부등본(토지, 건물)

토지이용계획확인원

입니다. 대부분의 부동산에서 이 서류들을 마련해 줍니다. 혹시나 안 해 주면 인터넷으로 발급이 가능합니다. 이 세 서류는 꼭 확인해야 합니다.

건축물대장

이 건물이 카페를 해도 되는 곳인지 확인하는 겁니다. 또는 합법한 건물인지 불법 건물인지 확인 가능한 서류입니다. 카페를 운영하기 위해서는 점포나 건물 용도가 '근린생활시설'로 설정 되어 있어야 합니다. 상업 시설이 들어와도 된다는 표시입니다. 기존 점포가 운영을 하고 있으면 대부분 설정되어 있겠지만 그래도 꼼꼼히 확인해야 합니다.

혹시 건축물대장 상단 오른쪽에 노란색 표시가 되어 있으면 조심해야 합니다. 노란 표시는 신규로 허가가 나지 않는다는 표시입니다. 설명 하자면 기존 점포가 음식점이면 카페를 해도 되지만 미용업 같이 음식 점이 아닌 경우에는 음식점으로 하가가 나지 않는다는 말입니다. 그것 도 모르고 카페를 개설하게 되면 불법 건축물이 되어 순식간에 법에 휘말려 카페를 접어야 하는 상황이 발생할 수 있으니 잘 살펴봐야 합 니다.

등기부등본

등기부등본은 토지와 건물 두 개를 확인해야 합니다.

서류가 따로 존재합니다.

토지와 건물이 한 사람 소유인지 아닌지 확인해야 합니다.

토지와 건물 소유주가 다를 경우가 있습니다. 그럴 경우에는 건물 소 유자와 계약을 해야 합니다.

행여 건물을 공동으로 소유하고 있는 경우는 지분이 가장 높은 사람과 계약해야 합니다.

그것 외에 건물이나 토지를 담보로 대출이 있는 지를 확인해야 합니 다. 대출 금액이 건물 시세에 비해 높을 때는 신중해야 합니다. 만일 의 사태에 보증금을 돌려받지 못하는 경우가 생기기 때문입니다. 혹시 대출이 있는 경우 우선순위를 살펴봐야 합니다. 건물 시세에 비추어 만일의 사태 때 몇 순위까지 안전하게 보상을 받을 수 있는지 살펴야 합니다.

토지이용계획확인원

이 서류에는 도시 계획에 관한 사항이 들어가 있습니다. 가까운 시일 내에 도시 정비사업이나 재건축 사업이 계획되어 있는 지 확인 가능합니다. 재건축 예정지에 점포를 연다는 건 기름을 안고 불구덩이에 들어가는 것과 마찬가지입니다.

부동산에서 마련 해 주던 당신이 직접 발급받던(구청이나 인터넷으로 가능합니다.) 이 세 가지 서류를 확인 한 후에 신원을 확인할 수 있는 (신분증, 인감증명서 같은) 증명서와 비교하여 꼭 진짜 건물주와 계약을 진행해야 합니다.

간혹 부동산 중계료를 아끼기 위해 개별적으로 계약을 원하는 건물주가 있습니다. 아무리 아는 사이라도 그렇게 하지 마시고 중계료를 주더라도 (만일의 사태를 위해서라도) 중간에 부동산을 증인으로 세워 계약하시기 바랍니다.

확정일자

계약이 완료되면 그 즉시 세무서에 가서 사업자등록과 동시에 확정일자를 받아야 합니다.
확정일자는 (건물을 담보로 대출이 있든 없든) 최악의 사태에 당신이 우선 변제권 순서를 정하는 겁니다. 어떤 이유로든 건물이 경매에 나올 경우 건물을 판 가격 내에서 순서대로 보상을 해 주게 됩니다. 이럴 경우 순위가 뒤로 밀려 있으면 앞 사람 돈을 갚은 나머지 금액이 없거나 너무 적어 뒤쪽 순위자에게 돌아가는 돈이 없게 됩니다.
당신은 등기부등본을 통해 당신이 몇 순위인지 확인 했을 것이며 건물 시세 대비 앞 순위 사람에게 돈을 갚고도 당신 보증금까지 안전하게 받을 수 있는 순위이기에 계약을 했을 것입니다. 그것을 법적으로 확인받는 것이 확정일자입니다. 계약을 하고 확정일자를 늦게 받는다면 그 사이에 건물주는 대출을 받을 수 있고 그럴 경우 계약은 먼저 했지만 순위가 밀릴 수도 있습니다. 그러니 계약 하자마자 사업자등록과 함께 확정일자를 받아야 합니다.

특약사항

건물주 확인과 서류적인 조사 사항 외에 일부 건물주는 특별한 조항을 설정하기도 합니다.
이것 역시 간과해서는 안 되는 문제입니다.

월세의 경우 부가가치세 설정입니다.
월세 100일 경우 부가가치세를 별도로 설정하면 실질적은 금액은 110이 됩니다. 일반과세자의 경우는 돌려받을 수 있으나 간이과세자는 돌려받을 수 없습니다.

빈 점포에 입주하는 경우 다른 운영자에게 점포는 넘기지 않고 나가게 될 때 원래 있던 모습으로 원상복귀(인테리어 전 모습으로)를 요구하는 경우가 있습니다.

큰 건물일 경우 관리비를 따로 요구할 수도 있습니다.

점포의 문제가 아닌 건물의 하자 시에(비가 샌다거나, 공동 수도에 문제가 생기거나 할 때) 원래는 당연하게 건물주가 해 주어야 하지만 일부 건물주는 점포주에게 떠넘기는 경우가 있습니다. 말도 안 되는 소리지만 그런 사람이 있습니다.

간판 등 인테리어 공사에 제한을 두는 경우도 있습니다. 화장실을 만들고 싶은데 불가하는 경우, 메인 간판 크기를 제한하는 경우 등.

이것 외에도 건물주에 따라 다양한 요구사항이 나올 수 있습니다.

반면에 마음이 따스한 건물주의 경우 요청을 하면 계약을 하고 나서 인테리어 공사 기간을 빼 주거나(대부분 계약을 하는 순간부터 월세가 계산됩니다.) 하는 경우도 있습니다.

건물 이상 시에 건물주가 고쳐준다, 사항을 당연하게 생각하는 건물주도 있습니다.

이것 역시 세입자에 따라 다양한 요구가 나올 수 있습니다. 건물주와 세입자 사이에 불편하지 않을 선에서 요구사항이 있으면 미리 준비하여 말해보는 것도 좋은 방법입니다.

반대로 불합리한 사항에 대해서는 적절한 합의를 이끌어 내는 것이 좋습니다.

서류에 사인을 하는 순간 다시는 되돌릴 수 없기 때문입니다.

cafe 19

점포 계약 전 준비사항

당신은 마음에 드는 점포를 발견하여 계약하기로 마음먹었습니다.
그럴 때 계약 전 준비사항이 있습니다.

에스프레소 머신을 포함한 각종 기기들은 직접 발품을 팔아 가격 조사
해 봅니다.
또한 주변에 카페를 하거나 관련이 있는 분야에 있는 사람이 있으면
그 분이 소개한 업체의 가격도 살펴봅니다. 두 가지 경우를 모두 비교
하여 더욱 효과적으로 장비를 구입하도록 합니다. 소개해 줄 사람이
없으면 단골 카페라도 가서 그곳 주인장에게라도 물어 주인장이 구입
한 곳을 소개받는 것도 한 방법입니다. 생각보다 더 저렴하게 구입하
는 경우가 있기 때문입니다.
그리고 때에 따라 세금계산서 여부로 가격이 변할 수 있습니다. 세금
계산서를 발급하고 안 하느냐에 따라 가격이 차이가 나는 경우가 있으
니 카페 조건에 따라 의향을 살펴보도록 합니다.
인터넷에 보면 어떤 에스프레소 머신이 좋은지 묻는 질문이 많습니다.
예산에 맞는 머신이 가장 좋은 것입니다. 커피 애호가가 아니라면 아
무리 좋은 머신을 들여 놓아도 아무도 알아주지 않습니다.

인테리어는 견적에 따라 가격이 천차만별입니다. 자칫 잘못하면 예상

보다 더 많은 금액이 소요되기도 합니다. 금액 변동을 사전에 막기 위해 이미 금액을 정해 놓아야 합니다.

인테리어로 마련한 금액이 2,000이라면 이 금액에 맞게 인테리어를 조정하는 것입니다. 사전에 인테리어 업자와 상의하여 당신이 준비한 금액 안에서 인테리어를 마치도록 합니다.

혹시 변동이 있더라도 그 범위가 크지 않은 경우에만 조정하도록 합니다. 잘못하면 밑도 끝도 없이 돈이 들어갈 수 있습니다.

인테리어의 경우 모든 것이 준비되어야 합니다. 계약을 앞둔 시기라면 점포의 크기와 구조가 나와 있을 것입니다. 점포에 맞는 인테리어 컨셉이 확정 되어 있어야 한다는 소리입니다. 테이블과 의자, 조명, 에어컨 등 설치가 필요한 품목은 전화만 하면 바로 올 수 있게 준비하도록 합니다.

바의 구조도 ㄱ자 형인지, ㄷ자 형인지(효율면에서 ㄷ자 형이 좋다.) 정하도록 합니다.

바(BAR)는 당신과 가장 많은 시간을 함께하는 공간입니다. 당신이 가장 편안하게 메뉴를 만들 수 있게 최적화 되어야 합니다. 싱크대, 수납, 냉장/냉동고, 제빙기, 에스프레소 머신/그라인더, 카드 단말기 등등 주문을 받고, 계산을 하고, 메뉴를 만들고, 메뉴를 손님에게 전해주는 모든 작업을 두 세 걸음 이내에서 완성할 수 있게 촘촘히 설계해야합니다.

로스터기를 사용할 경우 전기를 증설해야 하는 경우가 있습니다. 전기 담당자에게 공사 전에 미리 의논해야합니다. 카페 컨셉도 중요하지만 수납공간도 그에 못지않게 중요합니다.

카페는 Take-out용품을 비롯해 각종 분말과 재료 등 소소한 것들이 많이 필요합니다. 넉넉한 수납공간이 없으면 카페 한쪽에 쌓아 두어야 하는 경우가 발생합니다. 로스팅이나 제빵/제과를 겸한다면 더더욱 그렇습니다. 공사 시작 전에 인테리어 업자와 사전 답사를 통해 당신이 생각한 컨셉과 점포의 구조에 대해 의논하는 것이 좋습니다.

이것이 늦어지면 공사 시간이 늘어납니다. 공사 기간을 빼 주는 건물주를 만난다면 모를까 그렇지 않은 경우 계약 이후부터는 시간이 곧 돈입니다.

카페 기기와 마찬가지로 인테리어 역시 아는 사람을 소개받는 것이 좋습니다. 가격적인 부분도 유리하고 소개해 준 사람을 생각해서라도 허투루 하지 않을 가능성이 높습니다. 그래야 또 소개를 받을 수 있고 그러기 위해서라도 부실하게 하지 않을 가능성이 높습니다.

공사 후 잘못된 부분에 대해 일정 기간 무료 수리가 가능한지도 미리 알아두는 것이 좋습니다. 사람이 하는 일이어서 실수나 오류가 있을 수 있습니다. 그렇지 않을 경우 영업 중에 공사를 해야 하며 비용도 적지 않아 마음이 많이 아프게 됩니다.

인터넷을 설치할 예정이라면 인테리어 공사 중에 인터넷 설치도 신청하는 것이 좋습니다. 그럴 경우 인터넷 선 처리를 겉으로 드러나지 않고 깔끔하게 숨길 수 있습니다. 이럴 경우 인터넷을 설치할 공간을 미리 선정해야 합니다.

인테리어 역시 세금계산서 여부에 따라 금액이 변할 수 있습니다. 어느 면이 당신에게 유리한 지 생각해 보아야 합니다.

카드 단말기나 포스 같은 경우도 마찬가지입니다. 소개를 받는 것이 서비스 적인 면에서 유리합니다.

만약 사설 경비업체를 신청할 예정이라면 역시 인테리어 중에 설치를 신청하는 것이 좋습니다. 카페 곳곳에 라인을 설치해야 하므로 더 깔끔하게 선 처리를 할 수 있습니다.

인테리어 공사

드디어 시작입니다. 이제부터는 실전입니다. 바짝 정신 차려야 합니다.

점포 계약 후 다음 날이면 바로 인테리어 공사를 시작할 것입니다. 인테리어는 인테리어 업자만 하는 것이 아닙니다. 당신도 함께 하는 것입니다. 가급적이면 공사 현장에 함께 있는 것이 좋습니다. 함께 있으면서 종종 음료수도 사다 드리고 가끔은 점심도 같이 먹도록 합니다. 한국인의 특성상 친근감이 높아지면 조금이라도 더 신경 써 주기 때문입니다.

완벽한 준비를 했어도 공사 중에 여러 변동 사항이 나올 것입니다. 당신은 당신이 원하는 가장 근접한 형태로 공사를 진행시켜 나가야 합니다. 그렇지 않으면 인테리어 임의대로 공사를 진행하게 되는 경우도 있습니다.

인테리어 공사비는 착수금 1/3, 중도금 1/3, 공사 후 나머지 1/3을 주는 것이 관행입니다. 행여 처음부터 전부 달라고 해도 주지 않도록 합니다. 거의 그럴 리는 없겠지만 만 명에 한 명 정도는 돈을 받고 잠적합니다. 그것을 미연에 방지하기 위해서라도 소개를 받는 것이 조금이나마 안전합니다. 공사 전에 세금계산서 여부도 미리 확인합니다.

전기 증설을 할 경우 따로 돈이 들어갑니다. 꽤 많이 듭니다. 에어컨 역시 전문 설치기사가 있어 따로 돈이 듭니다. 공사 진행 사항에 맞춰 당신이 생각한 카페 모습과 일치해 가는 지 계속 모니터링하고 의논해야 합니다.

공사가 진행되면 마주한 옆 상가와 같은 건물 이층은 소음과 진동에 직접적인 영향을 받습니다. 인사도 할 겸, 홍보도 할 겸 피로 피로회복제라도 사 들고 가 양해를 구하면 서로간에 얼굴 붉힐 일이 줄어듭니다.

공사가 진행되는 사이 각종 공공요금을 당신 이름으로 명의 변경해야 합니다.
인테리어 공사가 마무리되는 시점에 카페 운영에 필요한 모든 재료 및 물품이 도착하도록 준비해야합니다.

인테리어 공사가 끝났습니다.

매장을 말끔히 청소하고 원하는 컨셉에 맞게 꾸미도록 합니다.
그간 준비하고 연습해 온 것을 바탕으로 모든 메뉴를 손님에게 파는 것과 동일하게 만들어 보도록 합니다. 공사 때뿐만 아니라 오픈을 준비하는 기간에도 궁금증을 참지 못한 분들은 무엇을 하는 곳인지, 언제 오픈하는 지 등 카페로 들어와 묻는 분들이 있습니다. 질문에 답하고 나서 그냥 보내지 말고 시식 겸 테스트로 간단한 음료도 나누어 주는 것도 홍보에 좋은 방법입니다.

기기는 제대로 작동하는 지, 더 필요한 물품은 없는 지, 카드 단말기 사용법은 완벽하게 익혔는지 등 모든 면을 점검해야합니다.

가족과 지인을 초대하여 실전처럼 접대를 해 보는 것도 좋은 방법입니다.

카페를 운영하다보면 가족이나 친구가 찾아오는 경우가 많습니다. 이럴 경우 매장 운영에 어떠한 영향을 미치는 가에 대해서도 한 번 쯤은 생각해 볼 필요가 있습니다. 카페는 당신의 공간인 동시에 손님의 공간이기도 합니다. 가족이나 친구가 오면 아무래도 더 신경이 쓰이고 이야기도 많이 하게 됩니다. 그런데 자칫 그 정도가 지나쳐 카페가 오직 당신만의 공간처럼 손님에게 인식될 수 있습니다. 카페 손님들은 은연중에 카페를 자신만의 공간으로 생각하게 됩니다. 그런 상황에서 가족이나 친구에 대한 과도한 애정은 카페와 손님간의 거리감을 만들 수 있습니다. 그렇다고 오지 말라는 하는 소리가 아닙니다. 오더라도 카페 분위기와 손님의 정서에 해가 되지 않는 선에서 맞이하는 것이 좋습니다.

정식 오픈 전에 가격 할인 같은 이벤트와 카페 홍보를 겸하여 2~3일 간 가오픈을 해 보는 것도 좋은 방법입니다. 실제 손님을 맞이해 보면서 부족한 부분이나 필요한 부분을 점검하기에 좋은 기회입니다. 맛, 가격, 조명, 서비스 방식, 손님들의 반응, 음악 볼륨은 적당한 지 등을 잘 살펴보는 시간을 갖는 것이 좋습니다.

이제 정식 오픈입니다.

저는 가게를 정식으로 오픈하고 맞이하는 첫 손님에 대한 기억이 없습니다. 개업발이라는 것이 있다 보니 오픈 하고 얼마 시간이 지나지 않아 손님들이 밀려들었습니다. 한 명, 한 명 오는 손님에 대한 대비는 충분히 했지만 한꺼번에 여러 손님을 상대하기는 처음이었습니다. 선결제여서 주문을 받고 계산을 해 주느라 정작 음료를 만들 시간이 부족했습니다. 그래도 당황하면 안 됩니다.

시간이 걸리더라도 주문한 순서에 따라 메뉴를 만들어 내야 합니다.

'하나하나 정성 것 만들어 드리겠습니다. 시간이 조금 걸리더라도 양해 부탁드립니다.'와 같은 문구를 써서 오픈 후 몇 일간 걸어 놓는 것도 센스 있는 방법 중 하나입니다. 프랜차이즈에서는 할 수 없는, 손님과의 높은 친밀도를 유지할 수 있는 개인 카페만의 매력입니다.

오픈을 성공적으로 마쳤습니다. 여기까지 오느라 고생하셨습니다. 하지만 이게 끝이 아닙니다. 지금부터 새롭게 다시 시작입니다.

cafe 20

카페 오픈 후 매장 운영과 관리

식자재 관리

카페도 엄연한 음식점입니다. 재료의 신선도, 유통기한, 변질, 재고 관리 등을 수시로 파악해야합니다.

커피 역시 한꺼번에 대량 구매하지 말고 1~2주 정도 사용 가능한 양만 주문하는 것이 좋습니다. 주문을 한 후 로스팅이 진행되기 때문에 보다 신선한 커피를 유지할 수 있습니다. 다른 재료 역시 마찬가지입니다. 사람의 입에 들어가는 것인 만큼 조금이라도 이상한 조짐이 보이면 과감히 처분하도록 합니다.

매일 식자재 및 물품을 파악하여 시간이 쫓기 듯이 주문하지 말고 항상 부족함이 없도록 미리미리 주문해 놓아야 합니다.

우유 같은 경우 잘 알아보면 그 지역을 담당하고 있는 우유 대리점을 찾을 수 있을 것입니다. 마트보다 더 저렴하니 대리점에서 공급받도록 합니다.

커피 테스트

커피도 음식이라 시간이 지날수록 변합니다. 매일매일 미묘하게 변합니다. 가장 좋은 맛과 향을 내포하는 기간은 최소 1주일에서부터 최대 2주 까지 입니다. 카페에 출근하면 매일 오픈 전에 아메리카노 한 잔을 만들어 먹도록 합니다. 준비 기간부터 오픈까지 당신은 이 커피를 수도 없이 마셔봤을 것입니다. 그래서 조금이라도 다른 맛과 향이 나면 금세 알아차릴 것입니다. 그럴 경우 그라인더 분쇄도를 조절하여 당신이 맛있다고 느꼈던 그 커피와 가장 가깝게 세팅해야 합니다. 손님은 가장 냉정한 사람들입니다. 조금이라도 변하면 바로 알아차립니다. 이 일은 당신이 카페를 그만 두는 날까지 매일 반복해야 합니다.

위생관리/청소

카페는 당연히 청결해야 합니다. 손님에게 보여 지는 부분뿐만 아니라 보이지 않는 부분까지 깨끗해야 합니다. 화장실, 바닥, 테이블/의자, 식기, 쟁반, 행주, 걸레, 스팀 피쳐, 커피머신, 그라인더, 냉장고, 제빙기, 블랜더, 빙수기, 각종 시럽/소스, 쇼케이스, 조명, 에어컨/온풍기, 매장 유리, 소품 등 어디하나 소홀히 해서는 안 됩니다.

제빙기나 그라인더 같은 경우는 청소를 위해 분해를 해야 할 때가 있습니다. 물론 서비스 업체를 부르면 편하지만 돈이 듭니다. 이럴 때 인터넷 카페는 큰 도움이 됩니다. 그곳에서 당신이 필요한 정보를 대부분 얻을 수 있습니다. 원하는 정보가 없을 경우 질문을 남기면 전문가 수준의 대답이 돌아옵니다. 카페 홍보를 겸하여 문제가 발생할 경우 이용하도록 합니다. 그렇다 하더라도 가급적이면 기기를 구입하면서 무상 수리 기간, 청소, 자주 일어나는 고장, 소모품 교체 같은 사항을 미리 알아두고 배워두는 것이 필요합니다.

회계/세금

카페도 사업장인 만큼 매입/매출 장부를 의무적으로 기입해야 합니다. 카페 운영을 위해서도 장부를 만드는 것이 좋습니다. 매출 장부는 카페 운영을 한 눈에 살펴볼 수 있습니다. 매입 장부는 재료나 물품을 구매할 경우 세금계산서가 있어야 세금을 돌려받을 수 있으니 꼼꼼하게 정리하여 잘 보관해 두어야 세금 신고에 편합니다. 일별/월별 매입/매출을 충실히 작성해야합니다.

일 년에 한 번에서 두 번 종합소득세/부가가치세 신고를 해야 합니다. 가장 편한 방법은 세무사에 맡기는 것입니다. 이럴 경우 신경 쓸 일이 거의 없지만 월 10~15만원이 소요됩니다.

세무사를 두지 않고 직접 하는 경우도 있습니다. 문제는 아무리 친절하고 자세히 설명한 책을 보아도 경험해 보지 않은 사람은 무슨 말인지 전혀 모른다는 점입니다. 일단 매입/매출(카드, 현금영수증, 현금)을 정확히 알아야 합니다. 매입은 당신이 구매한 품목 세금계산서가 있어야 합니다. 매출은 요청하기만 하면 카드사에서(현금매출은 제외) 일별, 월별로 알려줍니다. 그걸 토대로 인터넷 홈텍스에 가입하여 작성하면 됩니다. 더도 말고 딱 한 번만 직접 해 보면 다음부터는 쉬운데 그 한 번이 참 어렵습니다. 요즘은 간편 신고 시스템이 잘 구비되어 있습니다. 세금 신고 시기가 다가오면 국세청에서 우편물이 옵니다. 그곳에 신고 방법이 나와 있습니다. 그걸 바탕으로 시도 해 보고 정 어려울 경우 세무사를 알아보도록 합니다.(아마 당신이 알아보기도 전에 카페를 방문하여 명함을 주고 가는 세무사가 많을 것입니다.)

홍보

블로그나 SNS에 카페 관련 사항을 꾸준히 업데이트해야 합니다. 메뉴적인 부분은 매일 신 메뉴가 나오는 것이 아니기 때문에 새로운 소식을 전하기 어렵습니다. 여기에 필요한 것이 당신의 감성입니다. 카페에서 벌어지는 일상의 자잘하고 소소한 이야기들을 카페 메뉴와 자연스럽게 연결하여 포스팅을 하는 것도 좋은 방법입니다.

직원/아르바이트

근로계약에 명시된 사항대로 최저임금과 노동조건에 대한 기본은 지키도록 합니다. 돈으로 맺은 계약이라 하더라도 사람을 함부로 대하면 나쁜 사람입니다.

혼자 있는 시간

창업을 하고 몇 달 간은 정신이 없을 것입니다. 그러나 시간이 지날수록 식당과 마찬가지로 손님이 없는 시간대가 있습니다. 매 시간 손님이 꾸준히 있는 카페는 정말 성공한 카페입니다. 혼자 있는 시간을 잘 이용할 방법을 생각해 보도록 합니다.

OPEN/CLOSE 시간을 잘 지키자

개인 카페이다 보니 오픈 시간이 일정하지 않는 경우가 생기기도 합니다. 많지는 않더라도 오픈 시간에 맞춰 오는 손님이 있습니다. 비록 적은 수이기는 하지만 단 한 명이라도 손님의 기대를 저버리지 않도록 합니다.

손님이 아닌 방문자들

무료 모바일 홈페이지 제작 전화

정말 많이 옵니다. 유명 기업과 제휴. 그냥 해 주는 것이 아니라 맛집 파워 블로거의 검증도 해 준다고 합니다. 저 역시 궁금하기도 하여 한번 방문을 허락했습니다. 무료는 개뿔입니다. 결국 서버관리비를 내야 합니다. 세상에 공짜는 없습니다.

교회/스님

교회 신자 분들은 틈을 보이면 이야기가 끝도 없이 이어집니다. 단번에 거절할 대답을 준비해 두어야 편합니다. 스님 같은 경우는 염불과 함께 목탁을 두드립니다. 보시하는 셈 치고 500원, 1000을 주면 바로 가십니다.

손을 벌리는 어르신

정체를 알 수 없지만 주기적으로 오시는 분이 있었습니다. 카페로 들어오는 것도 아니고 열린 문으로 손만 벌리고 계셨습니다. 한 눈에 보기에도 안정적인 생활을 하는 모습이었습니다. 단정하고 깨끗하셨습니다. 복을 쌓을 좋은 기회라 생각하고 오실 때마다 500을 주었습니다. 그러면 바로 가십니다.

지방에 사는데 돌아갈 차비가 없다는 분들

정말 많이 접했습니다. 기본적으로 휴대전화와 신분증은 잃어 버렸을 가능성이 높습니다. 심지어 부모가 안 계신다는 스무 살 청년도 보았습니다. 결론적으로 아무리 주민번호와 전화번호를 적어준다 해도 다시는 돌아오지 않습니다. 괜한 소리가 아니라 한 번도 맨 손으로 그냥 보내지 않은 제 경험입니다.

다양한 판매원들

카페에 사용 가능한 물품이라면(볼펜, 수세미, 휴지 등) 가격이 높지 않는 선에서 복을 쌓는다 생각하고 구매해도 좋습니다.

카페 창업에 대해 물어오는 손님

'창업 하려면 돈이 얼마나 들어요? 카페 하려면 어떻게 해야 되요?'라고 물어온다면 무조건 돈을 못 버니 하지 말라 하고 그래도 물어보면 최소 일 억은 필요하다고 합니다. 실제 창업에 뜻이 있는 분들은 이런 식으로 막연하게 물어오지 않습니다. 저도 처음에는 정말 열심히 설명해 주었습니다. 그러나 아무 소용없었습니다. 천 명이 물어오면 한 명이 할까 말까입니다. 힘 빠지지 않는 선에서 적당히 설명 해 주도록 합니다.

주변 카페를 대하는 자세

친하게 지내도록 합니다. 경쟁 붙어봐야 둘 다 손해입니다. 친하게 지내면 공동 이벤트 같은 것도 진행할 수 있습니다. 갑자기 물품이 떨어졌을 경우 빌릴 수도 있습니다.

공동 수도 요금

건물주가 일괄적으로 해 주면 그대로 하는 것이 좋습니다. 1/n이라면 그대로 하는 것이 좋습니다. 그렇지 않고 당신이 많이 쓰네, 우리는 적게 쓰네 하면서 분쟁이 일어나는 경우가 생각보다 많습니다. 이럴 경우 어떤 방식으로든 사용한 만큼 돈을 낼 수도 있지만 자칫 잘못하다가는 같은 건물 상인들과 사이가 안 좋아질 수 있습니다. 1~2만원 안짝이라면 조금 손해를 보더라도 '나는 더 많이 냈으니까 나머지는 알아서 해결하세요.' 라는 마음가짐이 있으면 그것 때문에 골머리를 잃는 것보다 정신건강상 좋습니다.

이 외에도 진상 손님을 포함하여 상상할 수도 없는 별난 일들을 경험하게 될 것입니다. 기분 좋은 경험도 있지만 마음 상하는 일들도 많을 것입니다. 어떤 경우라도 당신 스스로 해결해야 합니다. 필요하다면 주변의 도움도 적극적으로 받으면서 슬기롭게 대처하길 바랍니다.

마치는 글

누누이 말했듯이 최고의 실력과 빈틈없는 준비를 했어도 오픈을 하고 손님을 받기 전까지는 아무도 카페의 미래를 예측할 수 없습니다. 가능성이 높을 뿐이지 현실은 확률대로 움직이지 않습니다.

이 글은 잘 나가는 카페를 만들기 위한 글이 아닙니다. 최소 5년은 유지하고 싶은 카페를 만들기 위한 가장 기본적인 사항일 뿐입니다. 어느 누구도 2~3년 안에 문을 닫는 카페를 하고 싶지는 않을 것입니다. 그래도 한 가지 말할 수 있는 건. 준비를 철저하게 할수록 카페를 오래 운영할 수 있다는 점입니다.

카페를 해 볼까라고 생각하는 분이 있으면 과감히 하지 마시라고 말하고 싶습니다. 특히 돈을 벌 목적으로 하실 계획이라면 더더욱 말리고 싶습니다. 카페는 당신이 생각하는 것 보다 돈을 많이 버는 업종이 아닙니다. 커피를 좋아하다 보면 자신만의 카페에 대한 동경이 생깁니다. 좋아하는 일을 하면서 돈도 벌면 좋겠지만 카페를 열기로 결심했으면 돈 보다는 좋아하는 일 쪽에 더 무게를 두기 바랍니다. 준비 기간은 정말 행복하지만 오픈을 하는 순간부터 고민이 더 많아질 것입니다.

통계적으로 5년까지 운영되는 카페는 많아야 전체의 10% 입니다.

부디 당신이 만든 카페가 그 10% 안에 들기 바랍니다. 제가 알려드린 것보다 몇 배 더 준비하여 오래오래 당신만의 카페를 운영하길 바랍니다.

5년이 지난 후 카페와 함께했던 시간을 돌아보았습니다. 오픈하는 날의 설레임, 하루 10잔을 팔았을 때, 비가 새는 천장을 바라볼 때, 한

여름 로스터기의 뜨거운 열기, 추운 겨울 수도가 없었을 때, 커피 교육 수강생의 밝은 웃음, 원두를 사기 위해 로스팅하는 날자를 기다리는 단골손님, 채워지지 않는 통잔 잔고, 독서토론보다 와인 시음에 더 열중했던 토론 모임, 친구들의 아지트.

건물주와의 협상만 잘 이루어졌으면 지금까지도 카페를 운영하고 있었을 것입니다. 해 보고 싶었던 것을 거의 해 보았으면서도 아쉬움이 남았습니다.

다음에 또 다시 기회가 있다면 지금보다는 조금 더 풍성하게 할 수 있을 것만 같습니다. 물론 다시 한다 해도 돈을 많이 벌 것이라는 기대는 하지 않을 겁니다. 그래도,
언젠가는
오래도록 운영할 수 있는
나만의 멋진 카페를
만들고 싶습니다.

부록

에스프레소 / 드립커피

카페를 창업하기로 결심한 사람을 간편하게 두 부분으로 나누어 보면, 기본적으로 에스프레소 머신을 다룰 수 있는 사람과 없는 사람으로 나누어 볼 수 있습니다.

다루어 본적이 있는 사람이라면 해 줄 말이 없지만 그렇지 않다면 바리스타 자격증이라도 따서 기술을 익혀야 합니다. 머신을 다루는 방법은 커피를 다루는 것과는 방향이 틀립니다. 커피를 고르는 법은 위에서 설명했으니 이번에는 맛있는 아메리카노와 라떼를 만드는 방법처럼 에스프레소에 대해 써 보겠습니다.

커피의 심장이라 말하는 에스프레소는 30초의 시간 내에 25~30ml의 농축된 커피를 추출하는 법입니다. 에스프레소는 그라인더로 분쇄한 커피를 고르게 잘 다진 후(템핑) 머신에 끼워 추출합니다. 카페를 준비하는 사람이라면 이 정도는 다 알 것입니다. 알고 있다는 가정을 바탕에 두고 개성 있는 에스프레소를 만들어 보도록 합니다.

물 온도, 커피의 양, 템핑은 방식에 따라 조절이 가능합니다. 에스프레소 머신도 제작 회사마다 방식이 각기 다릅니다. 그 중에 변하지 않는 것이 있습니다. 바로 에스프레소 머신의 힘(물을 내보내는 힘)입니다. (저는 이렇게 알고 있습니다. 힘을 더 세거나 약하게 조절할 수 있나??) 모든 조건을 변화시킬 수 있는 상황에서 머신의 힘만은 고정적입니다. 한 마디로 기준이 생긴다는 것입니다.

이 기준을 바탕으로 각자 알거나 배운 대로 그라인더(원두 분쇄 굵기)를 조절하여 30초에 30ml의 에스프레소를 추출해 보도록 합니다. 에스프레소 자체만 가지고 커피에 대해 평가하는 것도 좋지만 많은 손님이 찾지 않는 관계로 여기서는 아메리카노를 만들어 보도록 합니다. 물의 양은 300ml로 정해 놓고 해 보겠습니다. 이제부터 여러 가지 조건을 변화시켜가며 당신 카페만의 에스프레소를 실험하는 것입니다.

일단 물 300ml와 추출 시간을 30초로 고정시켜 두고 원두 분쇄도를 조절하여 20, 25, 30ml를 추출해 보도록 합니다. 물과 섞어 각각의 아메리카노를 테스트해 봅니다. 그러려면 조금씩 가늘게 원두를 분쇄해야 합니다. 이번에는 25초로 고정시키고 같은 방법으로 20, 25, 30ml를 추출해 봅니다.

마찬가지 방법으로 추출을 하는 데 시간을 20초, 35초로 설정해서 만들어 봅니다. 40초를 추출해도 상관은 없습니다. 다만 한 잔의 커피를 만드는 데 많은 시간이 걸리면 영업에 지장을 초래합니다. 그러니 가급적이면 35초를 넘기지 않는 것이 바람직하다고 봅니다. 혹시 이건 에스프레소가 아니라고 말하는 사람이 있을 수도 있습니다. 커피는 기준이 있을 뿐이지 정해진 것은 하나도 없습니다. 40초를 추출해 만든 커피가 뛰어나다면 그것이 좋은 커피라고 생각합니다.

더 해보고 싶으면 에스프레소를 35ml까지 추출해 보시길 바랍니다.

이것을 기준으로 이번에는 분쇄도를 고정시켜 보는 것입니다. 조금 가늘게 또는 조금 굵게 해서 마찬가지 방식으로 테스트 해 봅니다. 이번에는 추출 시간이 변할 것입니다. 20, 25, 30ml를 추출하는 데 시간이 제각각 변할 것입니다. 너무 오래 걸리지만 않는다면 크게 상관할 필요는 없다고 생각합니다.

더 해보고 싶다면 물 온도를 조절하면서 만들어보는 것입니다. 물 온도, 시간, 분쇄도를 변화시켜가며 각각 20, 25, 30ml를 추출해 보는 것입니다.

이렇게 만든 에스프레소로 아메리카노를 만드는 법(물 온도, 물의 양)에 대입시켜보면 꽤 많은 경우의 수가 나올 것입니다. 선택한 원두에 따라 맛과 향의 차이가 크게 날 수도 있고 차이가 미세할 수도 있습니다. 테스트를 해 볼 충분한 조건이 된다면 조금이라도 당신의 생각과 가까운 커피를 만날 수 있을 것입니다.

같은 원두라도 에스프레소 머신에 따라 추출되는 커피가 다릅니다. 머신의 종류나 가격을 떠나 어떤 머신이든 많은 테스트를 통해 당신이 선택한 머신에서 최고의 커피를 만들도록 노력해야 합니다.

혹시나 해서 그러는데 에스프레소 추출 후 포터필터 커피가 남아 있는 채로 머신에 꽂아 두는 카페를 보았습니다. 그럴 경우 머신의 뜨거운 열로 인해 포터필터에 있는 커피가 탑니다. 그 탄내가 포터필터에 스미고 다음 커피에 영향을 미칩니다. 그러니 추출 후에는 반드시 커피를 버리도록 합니다.

템핑은 힘도 힘이지만 제일 신경 쓸 부분이 고르게 다지는 것입니다. 대부분은 2구 포터필터를 사용할 것입니다. 커피 양은 무리가 가지 않는 선에서 많이 담을수록 좋습니다. 아끼지 말고 꽉꽉 채워주길 권합니다. 템핑 후 커피를 추출했을 때 양 쪽에서 동일한 양의 에스프레소가 나와야 합니다. 사람은 무의식적으로 한 쪽에 힘이 더 쏠리게 되어 있습니다. 많은 연습으로 힘을 균등하게 잘 조절하여 같은 양의 커피가 나오도록 합니다.

드립커피

드립은 정말 많은 추출 방법과 추출 동영상이 인터넷에 나와 있습니다. 따로 학원에 다니지 않아도 집에서도 혼자 충분히 할 만큼 자세한 설명을 해 주는 분들이 많이 있습니다. 제가 말하고 싶은 것은 방법이 아니라 바로 맛입니다. 커피에도 분명 안 좋은 맛이 존재합니다. 집에서만 연습하면 어떤 것이 안 좋게 표현된 커피인지 구분을 할 수 없습니다. 어떤 방식으로든 커피에 물을 부으면 서버로 커피가 추출됩니다. 사약이 아닌 이상 마실 만한 커피가 나온다는 소리입니다.

그러나 상업적으로 드립커피를 판매를 할 생각이라면 어디서든 전문가에게 배우기를 권합니다. 저 역시 그랬습니다. 집에서 2~3년 만들어 마실 때에는 꽤 잘 한다고 생각했었습니다. 그러나 같은 조건을 가지고 선생님과 제가 만든 커피를 비교했을 때 비로소 알았습니다. 지금까지 제가 만들어 먹던 드립커피는 정말 싸구려 맛이었습니다. 물론 사람마다 입맛이 다르기 때문에 기준을 세우기는 어렵습니다. 또한 맛은 직접 마셔봐야 아는 것이지 아무리 글로 자세하게 표현해도 그 맛을 전해주지는 못합니다.

그러니 메뉴에 드립 커피를 넣을 생각이라면 꼭 한 번은 동일한 조건으로 고수와 당신의 커피를 비교 해 보기 바랍니다. 차이가 안 난다면 당신은 실력자이고 차이가 난다면 조금 더 연습하여 당신의 드립커피를 업그레이드 시켜야 합니다.

주의해야 할 점이 있습니다. 저도 집에서 드립을 연습 하면서 여러 드립 전문 카페를 방문했었습니다. 지금도 있는지 모르겠지만 유명한 카페 거리에 동 주전자에 동 드리퍼로(딱 보기에도 비싸 보이는 장비들로) 드립을 해 주는 카페가 있었습니다. 기대를 잔득했지만 그 당시 초보자인 내 입으로도 느낄 수 있었습니다. '책에서 말하는 안 좋은 맛이란 이런 것이구나.'하고 말입니다. 정말 맛이 없었습니다. 신맛도 아니고 쓴 맛도 아니고, 밸런스도 없고, 입 안에 커피와는 어울리지 않는 맛이 들러붙는 기분이었습니다. 제 개인적인 기준에서 그렇다는 것입니다. 어떤 이에겐 그 커피가 맛이 있을 수도 있습니다. 하지만 전문가란 누구나 마셔보아도 기분 좋은 커피를 내 놓은 사람이어야 합니다. 그러니 고수를 찾아갈 때는 이 점을 충분히 고려하길 바랍니다.

아, 혹시 집에서 연습할 때 어떤 물을 쓰느냐에 따라 맛이 달라질 수 있습니다.

연수가 가장 좋고 그것이 없으면 수돗물, 가급적이면 생수는 쓰지 않길 권합니다. 커피와 어울리지 않는 물은 정수기(경수다.) 뜨거운 물입니다. 드립도 물을 바꿔가며 테스트해 보는 것도 재미있을 것입니다.

융드립이나 더치, 사이폰도 마찬가지입니다. 여러 조건을 변화시켜 보면서 가장 마음에 드는 커피를 찾아보아야 합니다. 기회가 된다면 고수와 비교해보도록 합니다.

커피의 농도

같은 아메리카노라도 어떤 이에게는 싱겁게 또 다른 이에게는 쓰게 느껴질 수 있습니다. 그렇다고 손님 취향에 따라 그때마다 분쇄도를 조절할 수는 없습니다. 강한 맛을 좋아하는 손님은 에스프레소를 추가하면 됩니다. 그러면 약한 것은 좋아하는 손님은? 에스프레소 양을 줄이면 됩니다. 자신의 커피에 너무 자부심을 가진 나머지 손님의 취향을 무시하는 행동은 하지 않길 바랍니다. 카페는 기분을 좋게 만드는 커피를 파는 곳이지 당신의 커피를 자랑하는 곳이 아닙니다. 손님 맞춤 커피를 제공하는 것도 개인 카페가 가지고 있는 장점 중에 하나입니다. 맞춤 손님들은 금세 단골이 됩니다. 어떤 손님은 정말 커피를 좋아하지만 너무 약하게 마시는 나머지 에스프레소 10ml를 넣어 주었을 때에야 이 커피가 자신이 원하는 농도라고 말해주었습니다. 손님의 취향에 맞게 조금만 더 신경 쓰길 바랍니다.

커피교실

오랜 시간동안 커피를 연구하고 연습해 보신 분들은 커피 교실 운영을 해 보는 것도 좋은 방법입니다. 커피에 대한 이해를 높이는 목적입니다. 저 역시 4주 과정으로 핸드드립 기초 교육과정을 운영하였습니다. 1주차는 이론, 2주차는 칼리타, 3주차는 고노, 4주차는 아이스 및 핸드드립 응용으로 기획하였습니다. 시간이 지나서 에스프레소 과정을 문의하는 손님들이 늘어나 바리스타 기초 과정도 운영하였습니다. 더 나아가 교육 여건이 충분하신 분들은 시간이 오래 걸리는 전문가 과정까지 해 보는 것도 좋을 것 같습니다.
제가 운영했던 카페는 교육장을 따로 마련할 수 없었습니다. 그래서 비교적 손님이 적은 저녁 시간에 카페 문을 닫고 매장에서 교육하였습니다.

커피 수업을 들은 분들은 카페와의 관계가 더욱 돈독해집니다. 어떤 분은 더 나아가 바리스타 자격증과 큐그레이더(커피 원두 감별사) 자격증까지 취득하신 분도 있었습니다. 교육 후 실제로 창업까지 하신분도 있었습니다.

상업적인 부분을 떠나서도 누군가에게 자신이 잘 아는 부분을 가르친다는 것은 즐겁고 놀라운 경험이라고 생각합니다.

커피 외에 디저트가 메인일 경우도 마찬가지입니다. 카페 여건에 따라 흥미를 줄 수 있는 단계부터 시작하여 가르치는 즐거움을 느껴보시길 바랍니다.

원두 판매

로스팅 카페를 계획하시는 분들은 원두 판매를 적극 권해 드립니다. 제가 말하지 않아도 로스팅까지 할 실력이면 당연히 생각하고 계실 것입니다. 매장 내에서 판매하는 것에는 제약이 없습니다. 그러나 인터넷 판매까지 하실 계획이시면 지켜야 할 사항이 있습니다.

일단 로스팅을 위한 전용 공간이 있어야 합니다. 거창한 것은 아니고 문이 별도로 달린 공간이 있어야 합니다. 사업자 등록도 따로 발급 받으셔야 합니다.

카페를 찾는 손님들에게 판매하는 것을 넘어 대량으로 다른 카페에 납품하는 것까지 이루어지면 카페 운영에 큰 도움이 될 것입니다.

북카페

책에 대한 동경이 있는 분들은 벽면을 가득 채운 책이 있는 카페를 생각할 수 있습니다. 저 역시 책을 좋아하여 카페에 책을 가져다 놓았습니다. 단순히 책을 비치하는 것을 넘어 손님들에게 소개해 주고 싶은 책들은 중고 가격으로 팔기도 했습니다.

북카페를 생각하신다면 일반적인 책 보다는 전문적인 책들로 꾸며보시는 것을 추천합니다. 카페를 열 당신이 좋아하는 분야의 책들로 서재를 채우는 겁니다. 그럴 경우 커피에 대한 이야기와 함께 관심분야의 책에 대한 이야기도 나눌 수 있습니다. 꼭 커피를 마시지는 않더라도 책에 대한 관심과 정보에 대한 관심만으로도 충분히 손님에게 어필할 수 있는 공간이 될 것입니다.

세미나/토론회/강좌

제가 운영하던 카페에서는 한 달에 한 번 독서 토론회를 개최하였습니다. 사전에 공지한 책을 미리 읽고 각자 다과와 간단한 주류(와인같은)를 들고 오는 겁니다. 그럼 카페 문을 닫고 열띤 토론을 주고받았습니다. 고정적으로 오는 분들 중에는 작가를 꿈꾸는 분들도 있어 보다 전문적인 평을 내기도 했습니다.

토론회를 할 수 있었던 것은 제가 독서를 좋아하고 사람들과 이야기를 나누는 것을 좋아해서입니다. 당신도 관심 가는 분야가 있거나 예술가와 인연이 있다면 정기적이 아닌 이벤트 형식으로라도 소통의 장으로 카페를 만들어 나갈 수 있습니다. 특히 동네카페를 생각하고 계신 분들이라면 카페가 위치한 지역의 문화적 구심점으로 자리매김 할 수 있을지도 모릅니다.

커피를 마시며 쉬어가는 공간을 넘어 지역의 사랑방으로 아지트로 문화의 소통창구로 당신의 카페가 무럭무럭 자라나길 진심으로 바랍니다.

Coffee break

미래는 알 수 없습니다. 마찬가지로 많은 시간과 정성을 들여 만든 카페가 어떻게 될 지는 아무도 모릅니다. 장사가 잘 된다면 초심을 잊지 말고, 손님에게 거만해지지 말고 더욱 성실히 운영하면 됩니다.

그러나 이렇게까지 열심히 준비했음에도 불구하고 카페를 찾는 손님이 예상보다 적을 수도 있습니다. 커피를 만드는 시간보다 홀로 창밖 거리를 바라보는 시간이 늘어날수록 당신의 마음은 점점 어두워질 것입니다.

그럴 때 일수록 정신 바짝 차려야 합니다. 상황을 냉정하게 바라보아야 합니다. 카페를 정상적으로 운영하기 위한 노력은 최대한 해야 합니다. 그럼에도 불구하고 월세에 대한 부담이 커져 간다면 과감한 결단을 내리는 것도 현명한 판단입니다. 가슴이 아프겠지만 결단을 내릴 때에는 과감해야 합니다.

카페를 준비하면서 이 글을 읽는 모든 분들에게

돈은 많이 못 벌더라도
당신만의 카페에서
손님에게 한 잔의 멋진 커피를 내어 주는
행복한 하루하루가 오래도록 이어지길
진심으로 바랍니다.